長崎県佐世保市の
里山にある農業法人
〝菌ちゃんふぁーむ〟は、
これまでの農業の当たり前を
変える畑づくりで注目され、
[illegible]間1000人を超える
[illegible]希望者が訪れます。
[illegible]た、東京大学、九州大学、
[illegible]潟食料農業大学、
[illegible]岡教育大学での研究も
始まっています。

菌ちゃんふぁーむの
約3ヘクタールの農地で
有機栽培された野菜は、
無農薬でも、
防虫ネットがなくても、
アオムシがほとんど
つきません。

それは、〝菌ちゃん農法〟で
育てられた野菜が
ものすごく元気だから！
ご存じでしたか？
本当に健康な野菜は
虫を寄せつけないんです。

元気野菜は
ビタミン、ミネラル、
ファイトケミカルがたっぷり。
甘味が強く、
「ぜったいにやさい
なんてたべない！」
といっていた子どもも、
「味がちがうよ！」と
手を伸ばします。

こんにちは！菌ちゃんです

そんな菌ちゃん農法の秘密は〝土〟にあります。土づくりに使うのは、雑草やタケなどふつうは捨てられてしまう有機物。微生物（菌ちゃん）が、その有機物を食べて、ふかふかの最高の土にしてくれるんです。しかも、菌ちゃんは化学肥料どころか、有機肥料さえも使わずに野菜を育ててくれます。

奇跡の土から生まれる、
奇跡の野菜づくり。
みなさんも始めませんか？

微生物の力だけで
奇跡の野菜づくり

図解でよくわかる
菌ちゃん農法

＼ 菌ちゃん先生こと ／
吉田俊道

家の光協会

はじめに

いつのころからか、微生物のことを親しみを込めて「菌ちゃん」と呼ぶようになりました。健康な野菜づくりには土がたいせつ。そして、その土づくりには、たくさんの微生物たちに働いてもらう必要がある……。そう思いながら、野菜をつくっているうちに、自然に口にするようになった言葉です。

菌ちゃんだらけの土で育つ「菌ちゃん野菜」は、いわゆる有機農法でつくれますが、有機農法にもさまざまな手法があります。また、場所、季節、年ごとに環境条件が変わり、それに応じて手を加える必要があるため、初心者はどうすればいいのか迷ってしまいます。

このままだと、多くの人が、こんなに楽しい菌ちゃん野菜づくりの世界を体験できない！

そこで、菌ちゃん野菜づくりの手法の一つとして、わたしなりに土づくり・野菜づくりについて、できるだけ容易に、できるだけ具体的にまとめてみました。すると全国にどんどん実践者がふえてきて、いつしか「菌ちゃん農法」と呼ばれるようになったのです。

菌ちゃん野菜の特徴はなんといっても味です。あとに残る嫌なえぐみとか、苦みがほとんどなくて、すっきりと甘くて風味が豊か。きっと「ああ、これが野菜本来の味だな」と思うはずです。

味の違いは、じつは畑で虫の被害が多いか少ないかにも関わっています。元気いっぱいに育った野菜には、虫はなぜかこないものです。それに気づいたのが、菌ちゃんとのおつきあいの始まりでした。

菌ちゃんふぁーむの畑が現在のようになるまでには試行錯誤がありました。九州大学農学部で大学院を修了したわたしは、長崎県の農業改良普及員になりました。１９８０年代の半ばのことです。普及員として、農家に有機農業をやりましょうと呼びかけ、自分なりに勉強を重ねていましたが、有機農業を志す人は今以上に少なく、周囲の理解を得るのがむずかしい時代でした。

ある日、農家から「自分が有機農業をやって、もし失敗したら借金が膨らんでしまう。でも、有機農業をすすめたあんたは公務員やっけん、これまで通り、年3回のボーナスがもらえる」といわれました。その通りだと思いました。自分でやって成果を出してこそ、説得力を持って、人に有機農業をすすめられるはずです。

迷ったあげく、上司に普及員をやめて農業をやっていきたいと申し出たところ、「うまくいくわけがなかろうが」と叱られました。意を決して両親にも相談すると、「親子の縁を切る」とまでいわれてしまいました。母親はその話を伝え聞いた親戚から「お前んところの子は一番優秀と思っていたけど、一番バカやった」とまでいわれたそうです。

信念というには、大げさかもしれません。周囲が猛反対するさなかにあっても、どこかに自分は有機農業の道を歩む運命になっている、という強い思い込みがあったようです。

逆に、猛反対を受けたことで、何があっても絶対あきらめないという意地のようなものが芽生えてきました。

しかし、いざ自分で有機農業を始めてみると、失敗だらけ。無農薬だと、やはり虫がやってくるのです。来る日も来る日も虫との格闘。キャベツは葉の一枚一枚を見て、チョウやガの幼虫を取り除いてまわり、取り終わったと少し安心して放っておくとすぐにレース状に。ピーマンはせっかくでき始めた実にカメムシがつき、傷んでしまいます。これではとても売り物にはなりません。

苦労をしながら、3年がたつうちに、不思議なことが起こりました。

わたしは非農家だったので、農地を借りて新規就農しました。借りられた農地は3か所に点在しており、その年、新たにもう1か所、耕作放棄地を借りたのです。これまでの畑はもともと草一つなく整地された農地で、土づくりが大事とばかり、自分なりに堆肥を投入したりと手をかけているつもりでした。今度の畑は5年以上ほったらかしにされて、草はボウボウ。カヤやカズラなどの強い「雑草」で覆いつくされ、竹も生え始めています。しかも、ほかの畑よりもずっと低地にあり、夜の温度が高いので虫の発生はもっと多くなりそうです。草をひたすら刈って、何度も耕して、ようやく半年後に作付けにこぎつけました。

同じターサイを育ててみたところ、これまでの畑はヨトウムシの被害で穴だらけ。ところが耕作放棄地だった畑は、ヨトウムシの被害もとくになく、不思議なことにきれいなものがとれたのです。しかも食べてみると、これが、えぐみがなく、なんともおいしい！喜んだ反面、これまでの努力はなんだったんだろうと思いました。

この出来事をきっかけに、いかにして元気で健康な野菜をつくるかの探究が始まりました。耕作放棄地だった畑と、自分なりに手をかけた畑の何が違ったのか。毎年、栽培をしながら実験を重ねるなか、菌ちゃんが鍵であることに気づき、菌ちゃんの力で土づくりをし、野菜づくりを行うノウハウを蓄積してきました。

この本では、その成果を写真と図解でていねいに解説しています。主に家庭菜園で有機栽培を行いたい方向けにわかりやすく記述したつもりですが、有機農業を目指している方にも、すぐに実践で活用していただけるものばかりです。肥料の主要成分である窒素ではなく、炭素成分が多い資材を使って菌をふやして土づくりを行うというのが基本的な考え方です。

この本を読み終えたら、さっそく土づくりから始めてみましょう。1年目からしっかりと収穫でき、同時に土もよくなっていきます。時間がたつほどに土ができて、どんどんと健康な野菜を育てやすくなりますよ。

吉田俊道

目次

第5章 元気野菜の魅力と育て方

見学についてのお願い

菌ちゃんふぁーむでは見学を希望なさる方のために、定期的に見学・説明会を開催しています。それ以外の日においでいただいても農作業のため対応が困難です。ご理解いただきますようお願いいたします。見学・説明会についての詳細は菌ちゃんふぁーむのHPをご参照ください。
(https://kinchan.ocnk.net)

staff

デザイン
鍋田哲平、戸袋結珠音、贄杏花里
(鍋田デザインオフィス)

カバーイラスト
鍋田哲平

マスコットキャラクター出典
映画「いただきます ここは、発酵の楽園」

取材・文・編集協力
三好正人

本文イラスト
オオジカオリ、角愼作、山田博之

写真
八木拓也、吉田俊道、亀田龍吉
石塚修平(家の光協会写真部)
高橋稔、瀧岡健太郎

DTP
天龍社

校正
ペーパーハウス

本書は雑誌「やさい畑」
2019年秋号
2021年秋号
2022年冬号
に掲載された内容をもとに
加筆・修正したものです

第1章

菌の力を生かした理想の土とは？

たくさんの菌が働いて、土づくりが進んだ畑では、野菜はぐんぐんと健康に育ち、農薬に頼らなくても虫たちの被害はほとんどなくなります。どうしてなのでしょうか。土の中で菌が果たす役割を考えながら、元気野菜の秘密に迫ります。

菌を生かせば、虫も病気も寄りつかない

無農薬野菜の虫食いは当然……ではない！

有機無農薬野菜＝元気野菜ではない

「虫食いのないキャベツを育てるのはむずかしい」。キャベツを育てた経験のある人に共通する本音ではないでしょうか。

苗を植えつけたら、すぐさま畝全体を防虫ネットで覆って害虫対策。それでも、気がついてみると、どこから侵入したのか、葉の裏側にアブラムシの群れが……。ひどいときには、防虫ネットの中にモンシロチョウやコナガが入り込んで、アオムシが発生。虫食い状態になっていることもあります。防虫ネットを使わなかったら、もっと大変です。畑に行くたびに、キャベツの葉の表裏をく

まなく調べて、害虫探し。それでも気を抜くと、すぐに虫食いでボロボロになってしまうこともあります。

「虫食い野菜は無農薬の証拠。これだけ苦労して、自然に育てたのだから、元気野菜に決まっている!」。そういいたいところですが、これはよくある誤解の一つです。

上の写真をよく見てください。長崎県佐世保市の山間にある「菌ちゃんふぁーむ」の冬のキャベツ畑には、虫食いがめだつ株は、まったくありません。

この畑、化学肥料も有機肥料も堆肥も入れていません。もちろん無農薬です。常勤の10名のスタッフで約3ヘクタールの畑を管理し、年間15種類以上の野菜を栽培するとなると大忙し。現実問題として毎朝、キャベツの葉を1枚ずつチェックする暇など、どこにもありません。

元気な野菜に虫は来ない

おいしくて元気な野菜には虫はやってこないもの。人間にとってまずくて、元気のない野菜を虫は好んで食べます。

上のキャベツは、菌ちゃんふぁーむの畑で撮影しました。ほとんど虫食いなしできれいです。同じ畑なのに、左のキャベツは虫だらけでボロボロ。この一角だけに被害が集中していました。

気象条件も、もともとの土壌の質も同じ、野菜の品種も同じなら、栽培方法も変えたわけではありません。もちろん、どちらにも農薬は散布していません。なのに、どうして、こんな違いが現れるのでしょうか。

はじめにお話ししたように、わたしは、売り物にならない虫食い野菜をつくり続ける試行錯誤のなか、あるとき野菜と虫との関係に気がつきました。

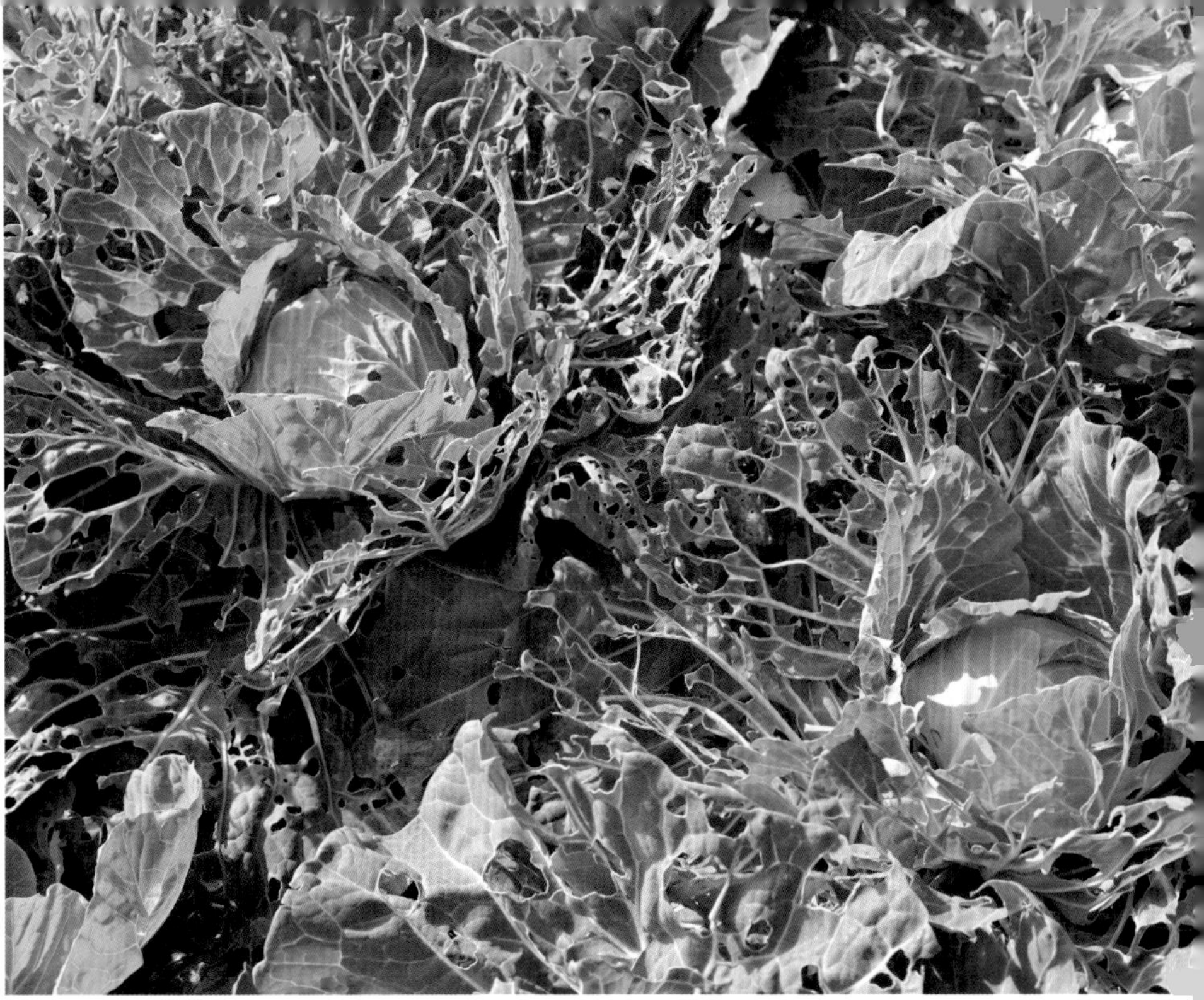

元気野菜は一つ一つの細胞が頑強です。さらに自分でさまざまな匂い物質や抗酸化物質など虫が分解しにくい物質をつくって防御しています。一方、元気のない野菜は細胞も軟弱で、抵抗力も弱いため、虫たちにとってはとても食べやすいのです。

虫たちはわざわざ不健康で弱った野菜を見つけては、食べて分解し、土に戻そうとしてくれている。反対に、虫のやってこない元気野菜には、ビタミンや抗酸化物質など高分子の栄養素をたくさん含んでいます。だから、元気野菜は人間が食べて、おいしいと感じるのです（人間の場合、唾液にはアミラーゼ、胃液にはペプシンというように、体内の消化酵素でたいていのものは分解できるため、元気野菜がつくる「虫が分解しにくい有機物」なども消化吸収できます）。

では、どうすれば、元気野菜ができるのでしょうか。

菌を生かせば、虫も病気も寄りつかない

野菜の健康状態は虫が知っている

地球上の生命の循環の中では、植物は、光と水と二酸化炭素で光合成を行い、生命活動の元になる有機物をつくる「生産者」です。それにたいして、わたしたち人間は、その命をいただく「消費者」。畑の虫や菌は、生産者や消費者の死んだ生命体を食べて土に還す「分解者」の役割を果たしています。こう考えると、虫や菌が、元気な野菜より、死に近い不健康な野菜のほうを好む理由がみえてきます。

野菜を食べる虫は、たいへん優れた鑑定眼を持っています。畑の中に元気のない野菜があると、すぐに現れて、モリモリと食べて分解を開始します。虫が集まってくる原因を考えると、その野菜や畑がどんな状態にあるかがわかります。

たとえば、モンシロチョウとコナガはアブラナ科特有の害虫ですが、成虫は野菜を食べるわけではありません。幼虫の餌にしやすいキャベツやハクサイを見つけ、卵を産むために畑に来ます。彼らの目印の一つは、ほんのわずかなアンモニア臭です。

堆肥化していない野菜くずや生ごみといった生の有機物をそのまま土に施すと、土中で微生物（主に細菌の乳酸菌や酵母菌など）が急激に増殖します。分解物で土は肥沃になるものの、土中の酸素が奪われ、その結果、腐敗が起こりやすくなります。アンモニア臭を発するほど腐敗していると、

虫食い野菜

土に未熟な有機物が
大量にあったり、
肥料を施しすぎたりして
養分過剰になると、
アブラムシが
飛来して増殖し、
葉の汁を吸う
コナガや
モンシロチョウが
誘引され、
葉に卵を産みつける。
ふ化した幼虫が
葉を食害する
コナガ
モンシロ
チョウ
アンモニア
などの
腐敗ガス
エチレンなどの
老化
ホルモン
アブラムシ
葉が食害されて
光合成できる
面積が減り、
抗酸化物質を
十分につくれなくなる。
湿った株元から
分解菌が広がって茎を
侵食することも
腐敗型の
病原菌が多くなる
土の中の未熟な
有機物の腐敗や、
植物体の腐敗により、
アンモニアなどが発生。
害虫を呼び寄せる。
根も傷みやすい
蒸散量が下がって
根の吸い上げる力が弱まり、
株周囲の水はけが
悪くなる

キャベツの根は傷み、地上部も弱っています。抵抗力が弱いため、モンシロチョウやコナガの幼虫が食べやすいのです。

反対に虫たちができるだけ避けたいのは、キャベツやブロッコリーに含まれるスルフォラファンなど、元気な野菜のつくる抗酸化成分です。人にとって重要な栄養が多いほど、虫は近寄らない。なんとムシのいい話でしょう。

でも、そっくりなことが森でも起こっています。木はキノコ菌から食べられないようにフィトンチッド等の抗酸化物質をつくります。わたしたちを健康に導く成分が多い木ほどキノコは食べない。それと同じ原理なのです。

違いは土にある

もしモンシロチョウやコナガの幼虫がたくさんついたキャベツがあれば、未熟な堆肥を鋤き込んでいないか、水はけが悪く有機物が腐りやすくなっていないかなど、周囲の土づくりを見直してみましょう。

分解者の虫たちは、分解しにくい＝腐れにくい野菜が大の苦手。ふかふかの土に根がしっかり伸びていれば、野菜はバランスよく養分を吸収し、健全に育つので、抗酸化物質など腐れにくい成分をつくることができます。また細胞一つ一つの組織ががっしりとし、多少の傷でも周囲に広がる怖れはありません。

ここではキャベツを例にとりましたが、どのような野菜でもポイントは同様。元気野菜をつくる＝健康な土をつくると考えていただいて間違いありません。それでは、健康な土づくりにたいせつなこととはなんでしょうか。それは、虫のほかにもう一つたいせつな「分解者」である菌（微生物）の活躍です。

元気野菜

紫外線や虫、病原菌から
身を守るための
抗酸化物質が
植物体内でつくられる
細胞壁が厚く、
組織が頑丈なため、
傷みにくい
よい菌が菌糸を伸ばして、
広範囲で養分や
ミネラルなどの
やりとりが行われる
豊富な
食物繊維やビタミンC、
抗酸化物質があると、
害虫には
消化しにくい
土の中に
未熟な
有機質がなく、
腐敗がない
菌糸が土のまとめ役となり、
土が団粒化する。
水はけがよく、
地中深くまで酸素が入るため、
根が健全に育つ
根が十分に
張っているので、
安定して養分や
水分が吸える

たくさんの菌が野菜の命を支える

腐敗と発酵

畑で働く代表的な菌と活動する条件

好気性微生物

糸《し》状《じょう》菌《きん》

糸状の体を伸ばし、胞子を飛ばしてふえるキノコやカビの仲間で、ほとんどの種類が酸素を好む。ほかの菌には分解できないリグニンも時間をかけて分解する。

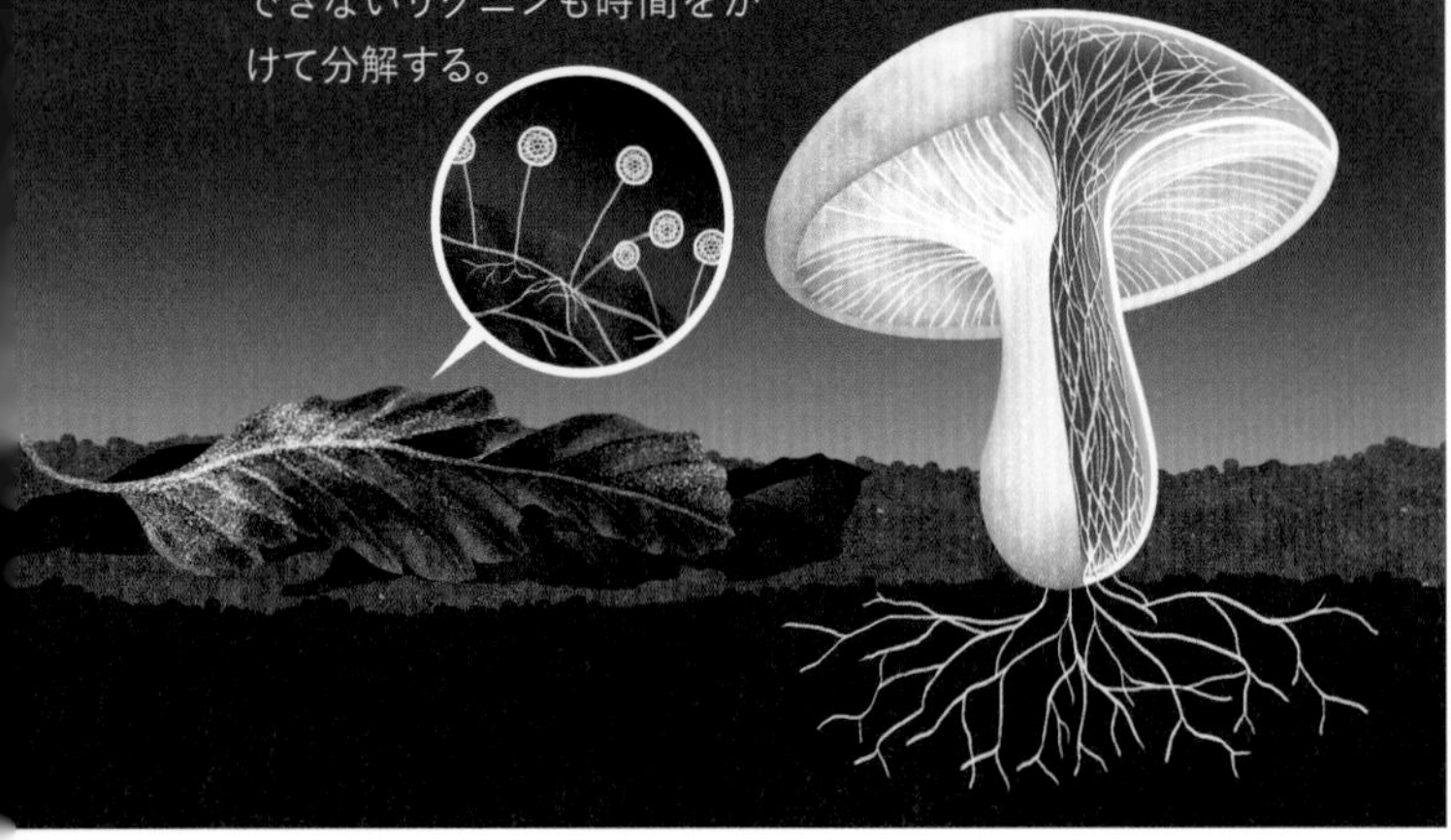

地球上の生命の循環の中で考えると、太陽エネルギーを使って有機物をつくり出す植物は「生産者」。それにたいして、菌の役割は「分解者」です。植物や動物の体（有機物）を分解し、自分やほかの生物が再利用できるかたちに変えています。野菜や雑草が根から栄養を吸収できるのも、菌の手助けがあるからです。

菌（微生物）のことをわたしは、愛着を込めて「菌ちゃん」と呼んでいます。菌は畑の土の中にもいれば、野菜の葉や茎の表面や根にもいます。もちろん、わたしたち人間の皮膚の上にも、腸の中にもいて、大活躍をしています。

しかし菌は、さまざまな病気を引き起こすやっかい者ともなります。たとえばハクサイの軟腐病に、ブロッコリーの黒腐病、キャベツの黒斑細菌病。これらの病原菌は、どうして畑にはびこるのでしょうか。

枯草菌《こそうきん》

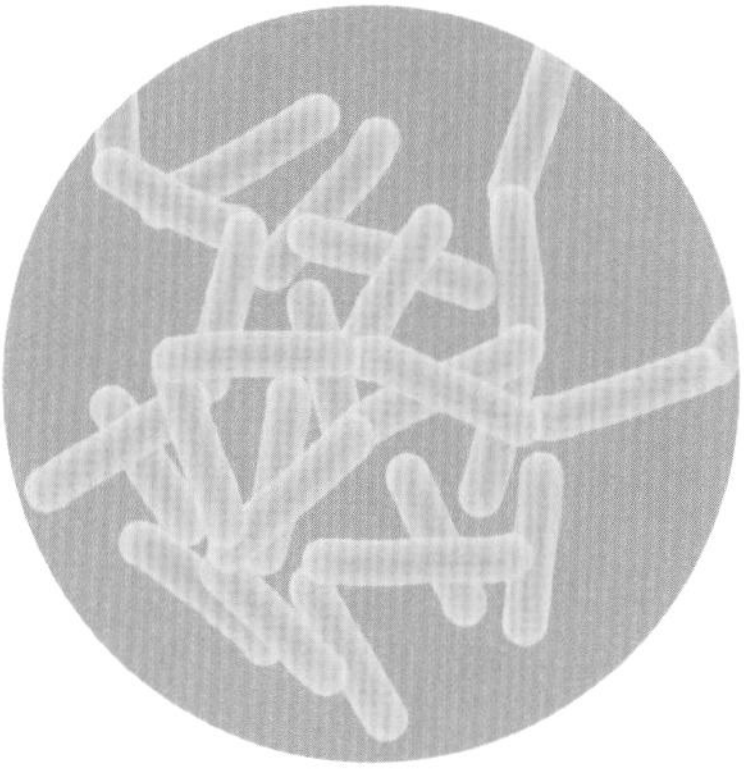

有機物分解の初期段階で働く細菌で、強い分解能力を持つ。土の中や野菜の表面だけでなく、空中にも漂っている。納豆菌は枯草菌の一種。

放線菌《ほうせんきん》

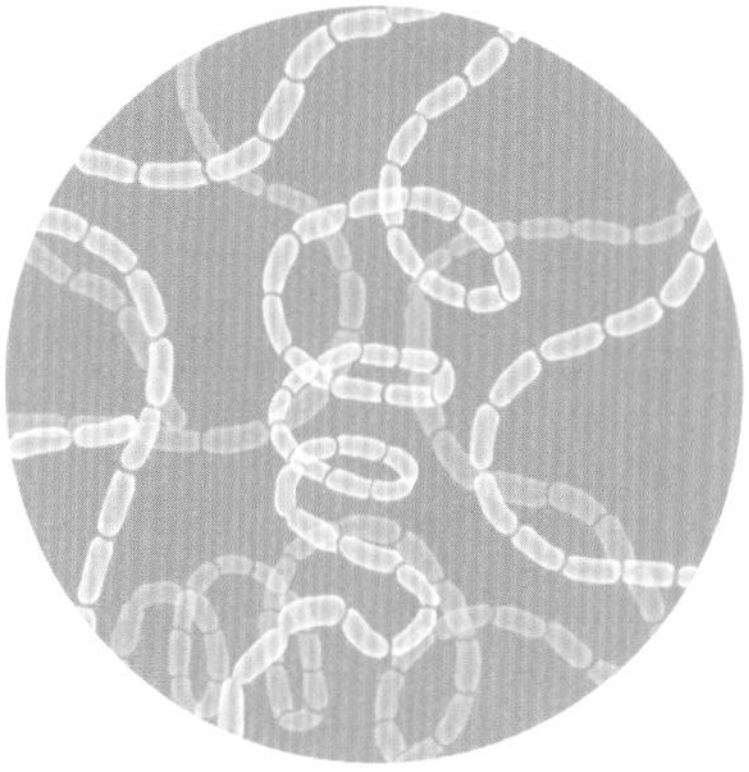

カビの仲間の糸状菌のように菌糸を伸ばしたり、胞子を飛ばしたりする細菌。酸素が豊富で高温の環境でよく働き、種類によっては抗生物質を生み出すものも。

菌の種類によって、食べものが異なる

菌には膨大な種類があり、それぞれ分解して利用できる有機物がだいたい決まっています。その中で、まだ育っている野菜を餌にして、どんどん分解してしまうのが「病原菌」です。

　畑で観察を続けるうちにわかったのは、病原菌が発生するのは、見た目にも弱々しい野菜です。うまく生きられない命や死んだ命を分解し、また次の命につながる養分へ循環させているのが、病原菌を含む菌ちゃんです。

　つまり、悪者に見える菌にも、ちゃんと役割があるのです。わたしたちがめざすべきは、菌をなくすのではなく、菌を味方につけて、野菜が元気に育つための養分を分けてもらうことです。

　菌による分解が、人間や作物に有害な場合を「腐敗」、有用な場合を「発酵」と呼び分けています。

畑で働く代表的な菌と活動する条件

嫌気性微生物

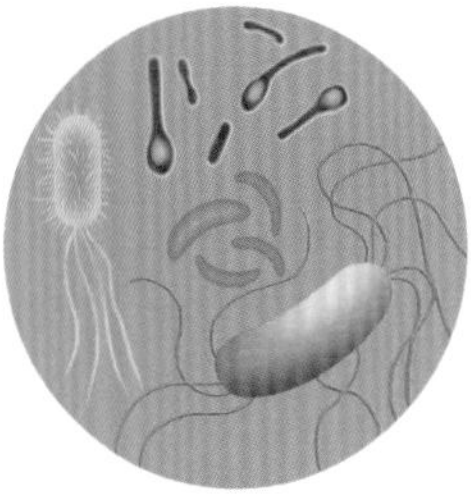

そのほかの嫌気性細菌

水浸しなど、水分が多く酸素が十分に供給されない環境で繁殖し、しばしば腐敗の原因になる。畑でふえると、メタンガスの有毒ガスを生成し、野菜の根や葉が傷んで育たなくなることも。

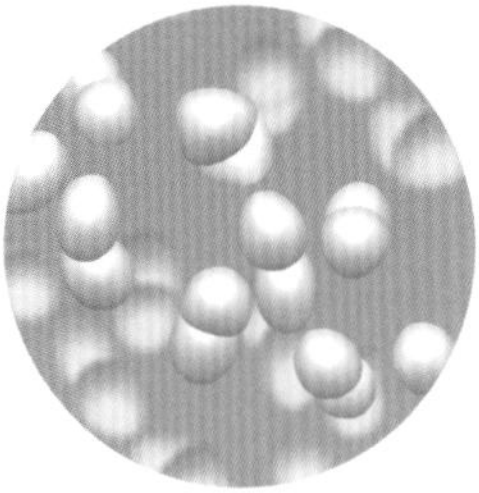

乳酸菌

酸素がない状態で、糖を分解して乳酸という物質をつくる細菌。ヨーグルトや漬け物づくりにも活躍するが、人間の腸内や野菜の表面などにもすんでいる。

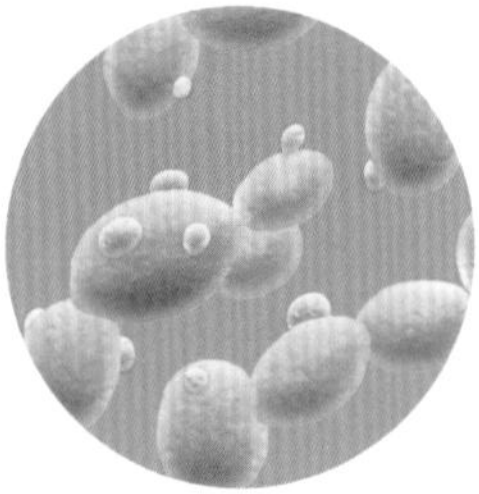

酵母

酸素がある状態でもない状態でも働く菌類。糖を分解してアルコールを生成。野菜の表面だけでなく、空気中にも漂っている。

野菜を育てる土が、腐敗に傾かないようにするには、適切な環境と餌を与えねばなりません。

ほとんどの植物は「発酵環境」で健全に育ちます。反対に、病原菌や害虫の多くは腐敗した環境で暮らしています。つまり、元気な野菜が育つには、腐敗に傾かない土づくりが必要なのです。

そのため、有機農業では土づくりのコツとして次のような事柄に注意が払われます。有機物を事前に発酵させてから畑に入れる。土の中で微妙に腐敗が起きても、すぐ好気分解できるよう有機物は土に浅めに入れる。堆肥は腐敗しやすいのでしっかり追熟・完熟させてから入れる、などです。

これから説明する菌ちゃん式の土づくりは、それらとまったく異なります。窒素の割合が少ないため、腐敗する可能性はほとんどありません。かたい雑草、木、タケ、籾殻などを使った土づくりなのです。

たくさんの菌が野菜の命を支える

糸状菌ファースト

菌ちゃん式の土づくりは、いわば糸状菌ファースト。菌の中でも、とくに糸状菌が優先的に活躍できるように工夫したところに特徴があります。

糸状菌が養分をつくる

糸状菌は、ほかの菌が分解しにくい炭素分を多く含んだ有機物を分解するのが得意。身近で入手しやすい餌は、たとえばセイタカアワダチソウなどの背の高い多年草です。糸状菌は酸素を好むので（好気性）、これらの草が水につからないようにするのがポイント。水分が多い環境では、酸素を嫌い、有機物を腐敗に導く細菌類が増殖します。細菌類は、水中を移動して餌に到達すると、あっという間に繁殖して、養分やエネルギーを消費してしまいます。しかし、枯れて表面のかたくなった草には細菌類が侵入しにくく分解は進みません。それに対して糸状菌は菌糸を伸ばして草にたどり着くと、時間をかけて養分に変えていきます。

ふつう、生の有機物を土に入れると、細菌類が急激に繁殖して、周囲のわずかな酸素を消費してしまい、腐りやすくなります。野菜を植えても根が傷むし、虫も発生しやすくなります。でも糸状菌がふえやすい環境をつくってやれば、腐りにくい有機物（かたい草など）をゆっくり分解させ、その養分やエネルギーを効率よく野菜に与えられます。糸状菌が地中に広がり、土が耕されると、野菜と相性のよい菌が根に侵入して、共生関係を結ぶのです。そのメカニズムを次ページでご紹介します。

糸状菌による元気野菜づくりのメカニズム

Stage 1

糸状菌が雑草を分解する

炭素分の多い有機物（かたい草など）と適度な湿りけ、そして酸素が十分に供給される好気的条件により、糸状菌が優先的に働き、有機物の分解を進める。

有機物の表面に広がった菌糸

Stage 2

菌糸を深く伸ばし、土を耕す

最初、糸状菌の菌糸は有機物の表面を覆うように伸びるが、やがて別の有機物を求めて、土の中を深く伸びていく。さまざまな菌でいっぱいになり、土壌の団粒化が進む。

Stage 3

菌糸が野菜の根とつながる

菌の中には根のまわりで繁殖し、根の生長を助けるものも。さらには菌の一部が根の細胞内に侵入し、養分やミネラル、水分を供給するものもある。これを内生菌（エンドファイト）と呼ぶ。

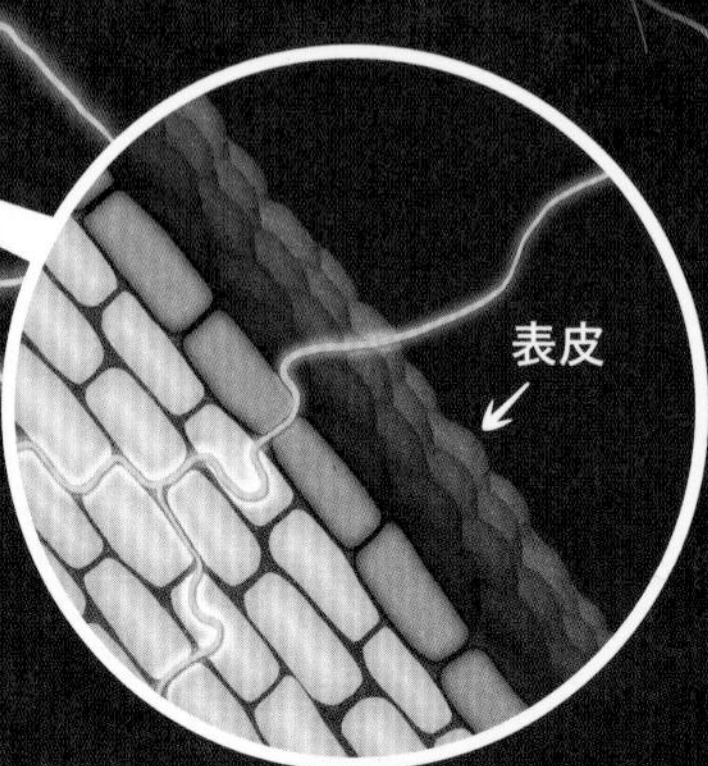

根の細胞内に侵入

内生菌は根の表皮にとりつき、菌糸を細胞内に侵入させる。

菌の力によって得た栄養で野菜が健全に生育する。根を介して菌とつながった野菜は、ミネラルも豊富で生命力が強い。味も栄養価も、まるで違う。

籾殻による土づくりをした畑で確認した、糸状菌の菌糸と野菜の根が共存している様子。

糸状菌の菌糸に有用細菌が共生

糸状菌が伸ばす菌糸は、細菌のすみかにもなる。そうした細菌の中には、空気中の窒素を固定するなど、植物に有益なものも存在する。

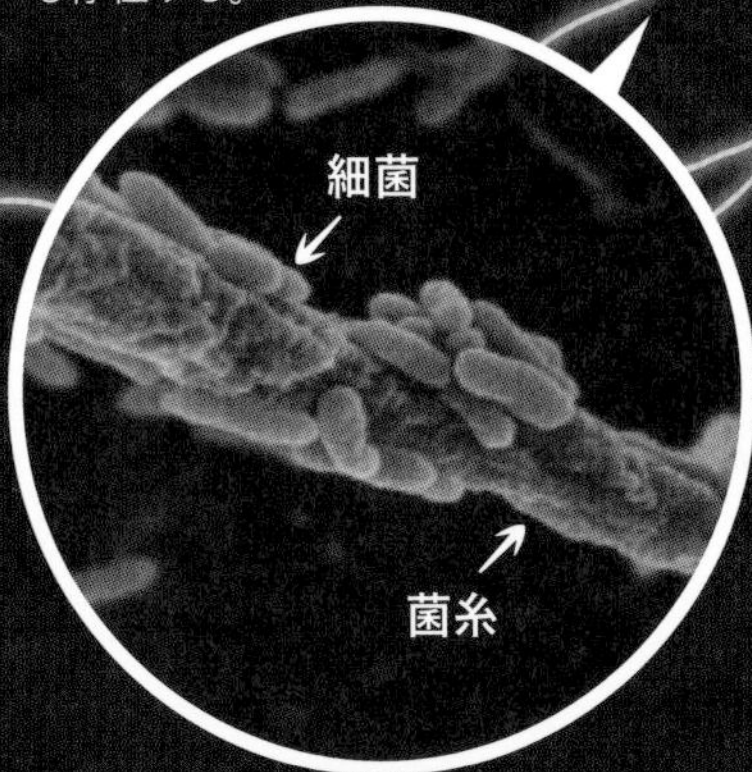

栄養素の供給

Stage

4

菌のネットワークが野菜に栄養を与える

植物と共生関係を結んだ内生菌の菌糸は根よりもはるかに広範囲に張りめぐらされ、まるで第二の根となって、植物単体では吸収できない栄養素を取り込む手助けをする。また、微生物自体の出す代謝物が野菜をいっそう元気にする。

※顕微写真提供：成澤才彦（茨城大学）

元は粘土質のベトベトの土だったが、数年かけて団粒構造が発達し、小さな粒状のふかふかの土に変化した。

たくさんの菌が野菜の命を支える

糸状菌のつくる「発酵型」の畑

「菌ちゃんふぁーむ」の畑の土はどこもふかふか。畝の上はスポンジのようなやわらかさです。手を差し込むと、すっと深くまで入り、簡単に土が掘れます。畑全体からは、ほんのりと土のよい匂いが漂ってきます。

糸状菌は有機物を分解し、養分に変えますが、分解の過程で糸状菌以外の菌もふえていきます。また、糸状菌が伸ばす菌糸は束になると目に見えるほど大きいですが、その糸状菌の表面や内部には、もっと小さくて目に見えないさまざまな菌がすんでいます。

畑の土を調べたところ、土中の空気に含まれる窒素を固定して養分に変える菌（窒素固定細菌）

虫食いがほとんどないサントウサイ。

が通常の畑よりもかなり多いという結果が出ました。糸状菌を中心としたネットワークが存在することで、窒素固定細菌を含むほかの菌たちも定着しやすいようです。

健康的な畑は、菌の種類が多い

人間の体の中の菌の働きを考えてみてください。腸内に役に立つ特定の菌が多いよりも、種類が多様であるほうが健康にはたいせつといわれます。

畑の土も、人間の腸と同様です。菌ちゃん農法では畑に有機物を施しますが、そのいちばんの目的は、土の中の菌に食べ物を与えること。多様な菌がたがいに協力しながら有機物をきれいに分解できるようになれば、畑の土はバランスよく健康になります。

こうした菌の働きが見られる畑は「発酵型」の畑と呼んでいいでしょう。

一般的な有機農法

有機物を
畑の外で発酵させる

生の有機物は畑に入れず、完熟した（無機化が進んだ）堆肥として施す

完熟堆肥より早い

もちろん、完熟堆肥を施して土づくりするのは一般的であるし、可能です。有機栽培の常道である完熟堆肥は、土の中で長い時間をかけて、ゆっくりと分解され、「腐植」となります。腐植はいわば糊のようなもの。微小な土の粒子のまとめ役となって、土は団粒化します。

しかし、完熟堆肥の場合、堆肥をつくる過程で有機物に含まれる豊富な養分が発酵熱やガスなどの形で失われてしまいます。草や落ち葉、木の枝には、菌ちゃんを育て、ひいては野菜を育ててくれるエネルギーがあるのに、そのほとんどを使わないのはあまりにもったいないと思うのです。

28ページでも見たように、糸状菌は粘着性のある菌糸を伸ばし、土の粒子をくっつけて土を団粒化。団粒と団粒の間に空気の通り道をつくり、さらに土の深くまで伸びていきます。こうして畑をどんどんふかふかの「発酵型」の土に変えていくのです。

同時に糸状菌ファーストの土づくりでは、完熟堆肥が畑にもたらすよりも、はるかに速く菌が土の中でふえていきます。完熟堆肥を施して土づくりをするよりも圧倒的に速く発酵型の土に生まれ変わります。

完熟堆肥のデメリット

畑の外に発酵を進める場所（堆肥置き場）が必要になる。
また、大量につくらないと失敗しやすい。

発酵させて堆肥をつくる過程で、
有機物が持っていた養分（窒素分）の多くは発酵熱やガスとなって失われてしまう。
とくに完熟堆肥は養分が少ない。

無機化が進むことによって、
生の有機物を施した場合に比べ、
生物性が乏しくなる。

病気・連作障害が減る

畑が発酵型になれば、野菜が虫に食べられなくなるだけでなく、野菜の病気も減ってきます。病気が発生するのは、そもそも元気がなく弱った野菜です。病原菌は虫と同じように、弱った野菜にとりついて、分解して、土に還そうとしているのです。

病原菌の多くは、株を処分したあとの残渣など、枯れた植物体の中や土壌中でも生きていて、その残渣がなくなるまで分解を続けます。連作すると障害が起こるのは、こうした残渣や土の中にいつまでも病原菌が残っているからです。

しかし、菌の中には野菜の生育を旺盛にする、プラスの働きをする有用菌もあります。もし有用菌の力を借りたければ、その有用菌が多い場所で、つまり連作で同じ種類の野菜を育てるのが理にかなっています。つまり、連作はその場所にいる菌しだいで、野菜の生長にとってはプラスにもマイナスにもなるわけです。

糸状菌の力で、畑の土が、多様な菌がすみよい環境になれば、病原菌だけがはびこるような状況を未然に防げます。有用な菌ちゃんは、野菜の根とつながり、養分やミネラルをたっぷりと分け与えて、生命力の強い野菜を育てます。野菜はつねに菌ちゃんに取り巻かれているので、抵抗力も強く、病気や連作障害を避けられます。

「菌ちゃんふぁーむ」の露地栽培のトマト。以前は立枯病に悩まされていたが、土をしっかり発酵させることで、病気が出ることはなくなった。

たくさんの菌が野菜の命を支える

糸状菌の好む餌と環境づくり

炭素分の多い有機物が大好物

畑の裏手の竹林や雑木林に行くと落ち葉や枯れ枝、倒木でいっぱいです。それらはすべて糸状菌の餌になります。かたい雑草も、籾殻も、綿百パーセントの古着やタオルなども糸状菌は大好物！うってつけの資材です。身近なものを使えば資源の有効活用になりますし、無料で手に入るわけですから、昨今の肥料価格の高騰を心配する必要もなくなります。

　これらの資材は窒素分が少なく、炭素分が多い有機物です。共通する特徴は、戸外に放置しても腐敗しにくく、分解に時間がかかることです。糸状菌はこれら炭素分の多い有機物の分解が得意な〝菌ちゃん〟です。反対に、窒素分が多い有機物があると、糸状菌がふえにくくなります。土づくりに発酵促進資材としてよく使われる米ぬかを、わたしがあえて入れないのはこのためです。

　また、糸状菌は好気性（酸素を好む）微生物なので、空気が豊富な環境でよくふえます。たとえば、雨が降ったあとの森を観察すると、水たまりや池の中には糸状菌はいませんが、落ち葉や枯れ枝の裏にはびっしりと菌糸を伸ばしています。

　炭素分の多い餌と、適度な水分と空気を確保することが、糸状菌による土づくりのすべてといってもよいでしょう。

炭素分の多い有機物が糸状菌の餌になる

野ざらしにして枯れた刈り草。使用時に水をかけて湿らせるか、雨後のぬれたものを使う

刈り草

セイタカアワダチソウなどの大型の雑草や、メヒシバやチガヤ、ススキなどイネ科の葉がツンツンとがって茎がかたい雑草を使う。葉が丸く、やわらかい一年生の雑草は窒素分が多く、つぶれて空気を保ちにくいので、できるだけ使用しない。乾燥時で1㎡当たり5kg程度を用意。刈ったあと、数か月程度、畑の隅などに積んで野ざらしにしたものを使う。P46参照

菌ちゃんふぁーむの籾殻置き場。風で飛ばないようにネットを掛けている

籾殻

窒素分が少なく、炭素分が多いうえに、空気をよく含むので、糸状菌がふえやすい。ただし、新鮮な籾殻は水をはじくので、6か月ほど野外に積んで、雨にさらしておき、十分に湿りけを帯びたものを使う。表面に白い糸状菌が付着しているとベスト。1㎡当たり70〜80ℓを用意。

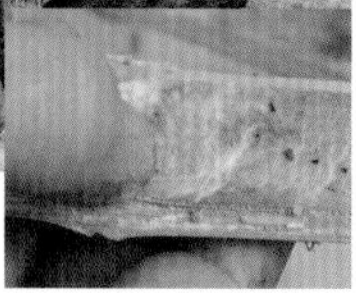

タケを割ると、中には菌糸がたくさん付いている

タケ

糸状菌がよくふえ、鉄などの微量要素にも富む。数か月、野ざらしされたものは糸状菌がついて白くなっていることも多い。竹パウダーのように細かくすると、乳酸菌が優先的にふえてしまい、使えないので注意。車などでつぶし、1〜10㎝の長さにしてから使う。量は1㎡当たり40ℓ程度を用意。

落ち葉

とくにスギの葉は、小さな葉の間に適度に空間があるので糸状菌がよく付く。落ちたばかりのものより、数か月間、野ざらしにしたものがよい。1㎡当たり5kg（乾燥時）程度を用意する。細かな枝葉が混じっていてもよい。

木

長さ3～5cm程度のチップ状になったものが便利。切ってから数か月間野ざらしにして、白い菌糸が付き始めたものを使うとよい。1㎡当たり45ℓ程度を用意。樹皮はとくにミネラルが多い。

繊維くず

菌ちゃんふぁーむでは、着古した衣服を用いた土づくりも試している。周辺にキノコ（糸状菌の子実体）が現れ、セルロースの分解が進んでいるのがわかる。化学繊維ではなく、天然繊維100％（綿や麻、ウールなど）を使う。

この方法には向かない有機物

窒素分が多く、土に入れると乳酸菌や酵母菌などが増殖。糸状菌がふえにくく腐敗しやすい。一時的に土は肥沃になるが、作付けごとに投入せねばならない。

元気野菜で人も元気になる

見た目は同じ野菜でも中身はこんなに違う

腐らない土で育った野菜は腐りにくい

　元気野菜には人を健康にする力があります。わたしはそれを確認するために野菜の腐敗実験を行いました。生ごみを使って発酵型の土づくり（82ページ参照）を行った畑でとれたキュウリ（元気野菜）と、市販のキュウリを比較したのです。

　左ページの写真を見てください。キュウリを輪切りにして容器に入れて室内に放置したところ、半月後には「市販のキュウリB」はドロドロに溶け、強烈な臭いを発するようになりました。1か月後には「市販のキュウリA」もドロドロに溶けてしまいましたが、漬け物のような匂いで腐敗臭はそれほど感じませんでした。

　一方、元気野菜のキュウリは水分が抜けて黄色くなったものの、腐る気配はありませんでした。驚いたのは、元気野菜の生命力です。発酵型の腐らない土で育った野菜は腐りにくいのです。ナスやニンジンなどさまざまな野菜で比較実験を行いましたが、結果は同様でした。

　元気野菜はどうして腐りにくいのでしょうか。ヒントになるのが、ファイトケミカル（植物がつくる化学物質＝植物栄養素）です。「第7の栄養素」と呼ばれるファイトケミカルには抗酸化作用があり、人体の老化を抑えたり、健康維持・増進に欠かせないといわれています。

「菌ちゃんふぁーむ」の元気野菜と市販の野菜で比較した腐敗実験

市販のキュウリB　市販のキュウリA　元気野菜のキュウリ

実験開始6日後

半月後

1か月後

市販のキュウリBは実験開始6日後からすでに腐敗が始まってしまい、半月後にはドロドロに溶けたので廃棄した。市販のキュウリAは、1か月で液状化。元気野菜はまだ原形を保っている。

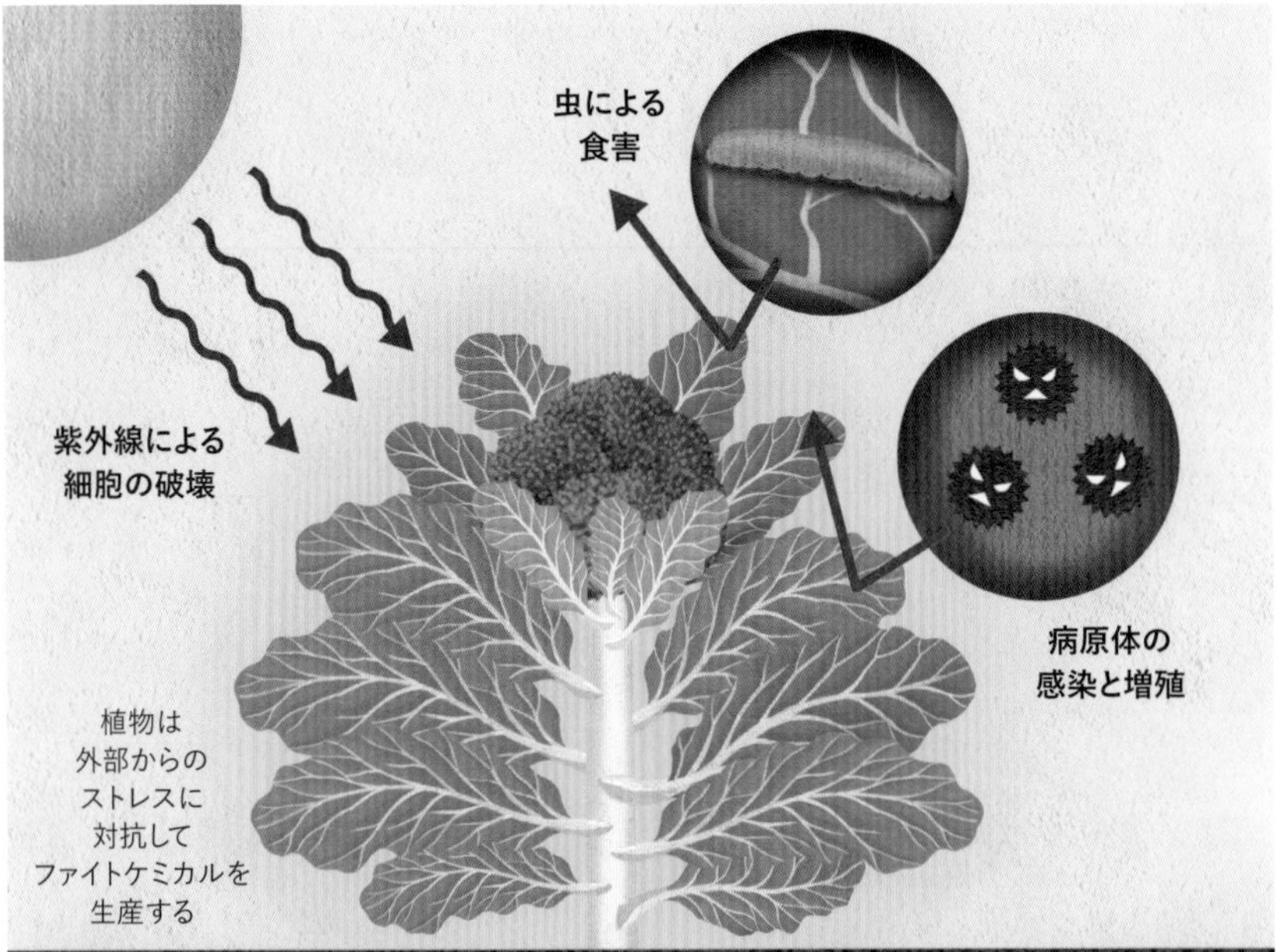

ファイトケミカルは植物がつくる天然の防御物質

元気野菜はファイトケミカルが豊富

元気野菜にファイトケミカルが多く含まれるのは、植物が自分の体を守ろうとする能力が高いからです。たとえば、強い紫外線を浴びると植物体内では活性酸素がふえて、さまざまな害を与えます。そのため、植物は抗酸化作用のあるファイトケミカルを多くつくって、紫外線による害を防ぎます。

また、害虫や病原菌などの攻撃から身を守るために、害虫が嫌がり、病原菌の感染が防げるような、さまざまなファイトケミカルをつくります。キャベツに虫が付きにくいのは、アブラナ科独特の辛み成分のおかげですが、この辛み成分もその一種です。

元気野菜は発酵型の土の中で健全な根を伸ばし、さらに微生物からさまざまな代謝物質やミネラル

食事を変えたら子どもの病気が減った

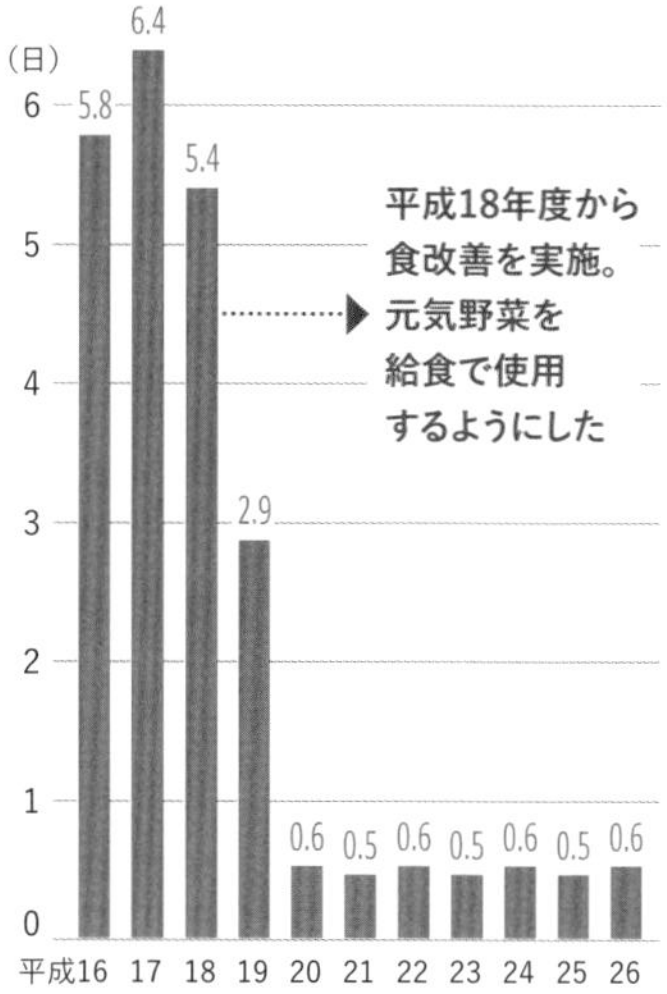

「私立保育園マミー」
園児の年間病気欠席日数（1人当たり）

3～5歳児（毎年30人前後）での統計、インフルエンザは元気でも強制的に休ませないといけないので除外

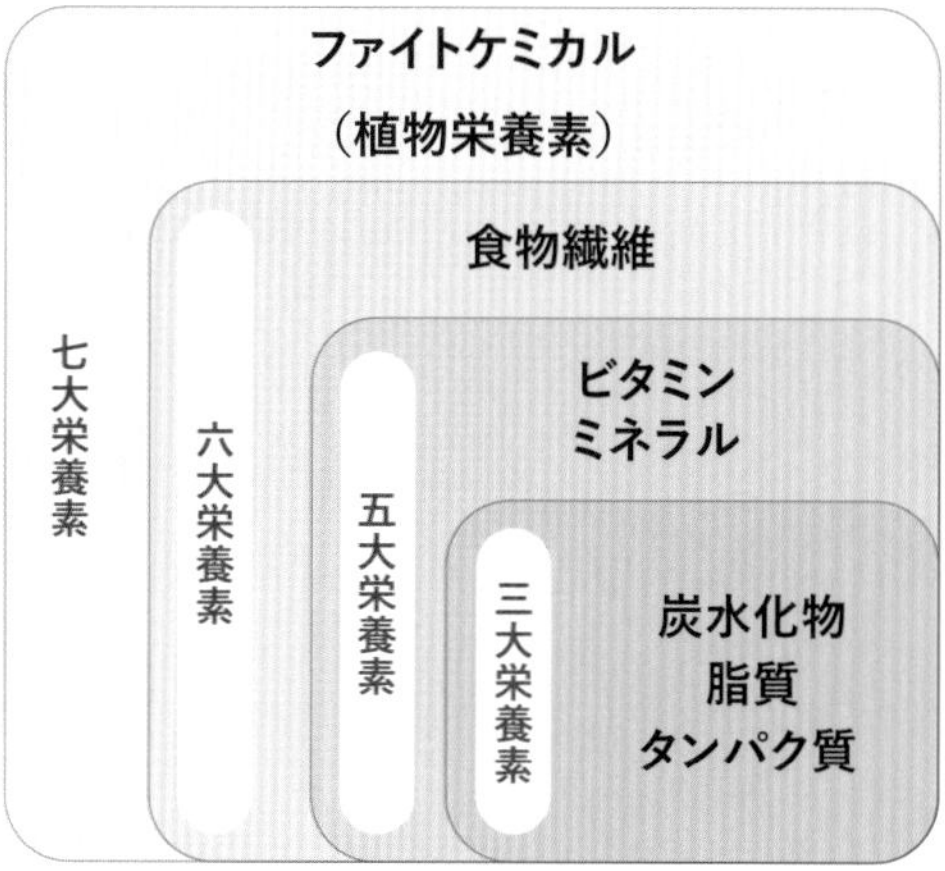

ファイトケミカルは第7の栄養素と呼ばれる

人間の体の材料やエネルギー源となる三大栄養素に、微量栄養素のビタミン、ミネラルを加えたのが五大栄養素。その後、分解されにくい食物繊維にも重要な働きが認められ、六大栄養素と呼ばれる。近年、病気や老化の予防の観点から抗酸化作用が注目され、ファイトケミカルが第7の栄養素と呼ばれるように。

を受け取って、より健康に育ちます。それによって、化学肥料で急速に育てられた野菜よりも一つ一つの細胞を強固にしたり、ファイトケミカルを多くつくり出すだけの余力をもたらしているのでしょう。

食べる物が体をつくる

長崎県佐世保市の「私立保育園マミー」では、菌ちゃん農法で元気野菜づくりを行いながら、給食にも元気野菜を使用するようにしました。すると、病気で欠席する子どもの数が10分の1にまで減少しました。マジックのようなことが現実に起きたのです。これは、ミネラルやビタミン、そしてファイトケミカルを多く含む元気野菜が、子どもたちの病気にたいする抵抗力、回復力を増進している例といえるでしょう。

ここが知りたいQ&A

教えて、吉田さん！

Q

元気野菜は一匹も虫がつかないんですか？

やっぱり虫がいない野菜が食べたいのです。おいしい安全な野菜は虫も食べたいんだから、少々虫が野菜を食べてもしょうがないと自分にいい聞かせてたんです。でもその逆だったなんて。目から鱗です。

A

元気野菜でも少しは虫がやってきます

完全に虫一匹いないのは、農薬を使用している野菜の可能性があります。理想的な元気野菜でも、少しは虫がやってきますよ！　暴れ食いはしませんけれども、老化した外側の葉っぱや下葉には小さな虫が少しはいることがありますよ。

Q

オーガニック系スーパーの野菜は、本当に元気野菜？

オーガニック系のスーパーの野菜は、近所のふつうのスーパーで買った輸入ものより早く傷んでしまうことも多いです。「防腐剤とかが、かかってないからよね」と思ってましたが、元気野菜じゃなかったのでしょうか？

A

農薬をかけていない野菜のほうが、逆に早く傷む場合もあります

輸入物のブロッコリーなどは成長抑制剤までかけられていて、なかなか黄色くなりません。また箱に梱包されビニールに密封されてきた野菜は、すぐ開けて冷蔵庫に入れないと、果菜類から出るエチレンガスがこもり、すべての野菜を早く熟成（老化）させてしまいます。ショウガやサツマイモ、サトイモは冷蔵庫に入れると逆に傷みます。

本書の実験は、野菜を輪切りにしてから比べています。輪切りにすると野菜の表面にかけた農薬（防腐剤）の影響がなくなり、生命力の差が表れやすくなります。わかりやすい例として、ニンジンなどは暖かい所だと切り口が1〜数時間で変色し、差が出ます。ジャガイモは酵素の関係で、差が出にくいようです。

第2章 実践！有機物を使った土づくり

土づくりといえば、堆肥を土に鋤き込むところを連想しがち。でも、菌ちゃん農法の土づくりはまったく別です。使うのは、やっかい者あつかいの雑草やタケ、剪定枝などの有機物。畝を立てて、これらの材料を敷き詰め、黒マルチで覆ったら、菌が土づくりをしてくれます。

雑草等の有機物で土づくり

雑草は太陽エネルギーのかたまりだ

空き地には、背の低い
多年生の雑草が生える

背の低い多年草に覆われる。しばらく休んでいる畑や道端などで見かける光景。雑草と共生する菌の力で、窒素の固定などが起こる。

やがて、背の高い
多年生の雑草が生い茂る

何年もたった耕作放棄地に見られる光景。草ぼうぼうの荒れ地に見えるが、太陽エネルギーをため込んでいて、潜在能力は高い。

菌ちゃんたちの餌として、おすすめの一つがカヤやセイタカアワダチソウなどのかたい雑草です。堆肥も肥料も与えないのに、雑草があれほど茂るのはなぜでしょうか。まず、根が丈夫です。がっちり根を張って、土の中に使われずに眠っている養分やミネラルを、根から分泌する有機酸で溶かして集め、体に取り込みます。

さらには、光合成が旺盛です。雑草は太陽の光を求めて茎や葉を大きく広げ、隙間を埋め尽くします。水と二酸化炭素を取り込んで光合成を行い、さまざまな有機物のもととなる炭水化物をつくり出します。雑草はソーラーパネルさながら、太陽のエネルギーを大量に蓄えているのです。

雑草の鋤き込み実験

左の区画にのみ、とがった葉の雑草を鋤き込んでみた

雑草鋤き込み　　除草・耕うんのみ

丸い葉の雑草が生えた

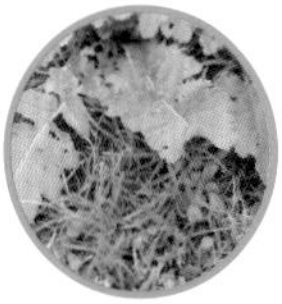

とがった葉の雑草が生えた

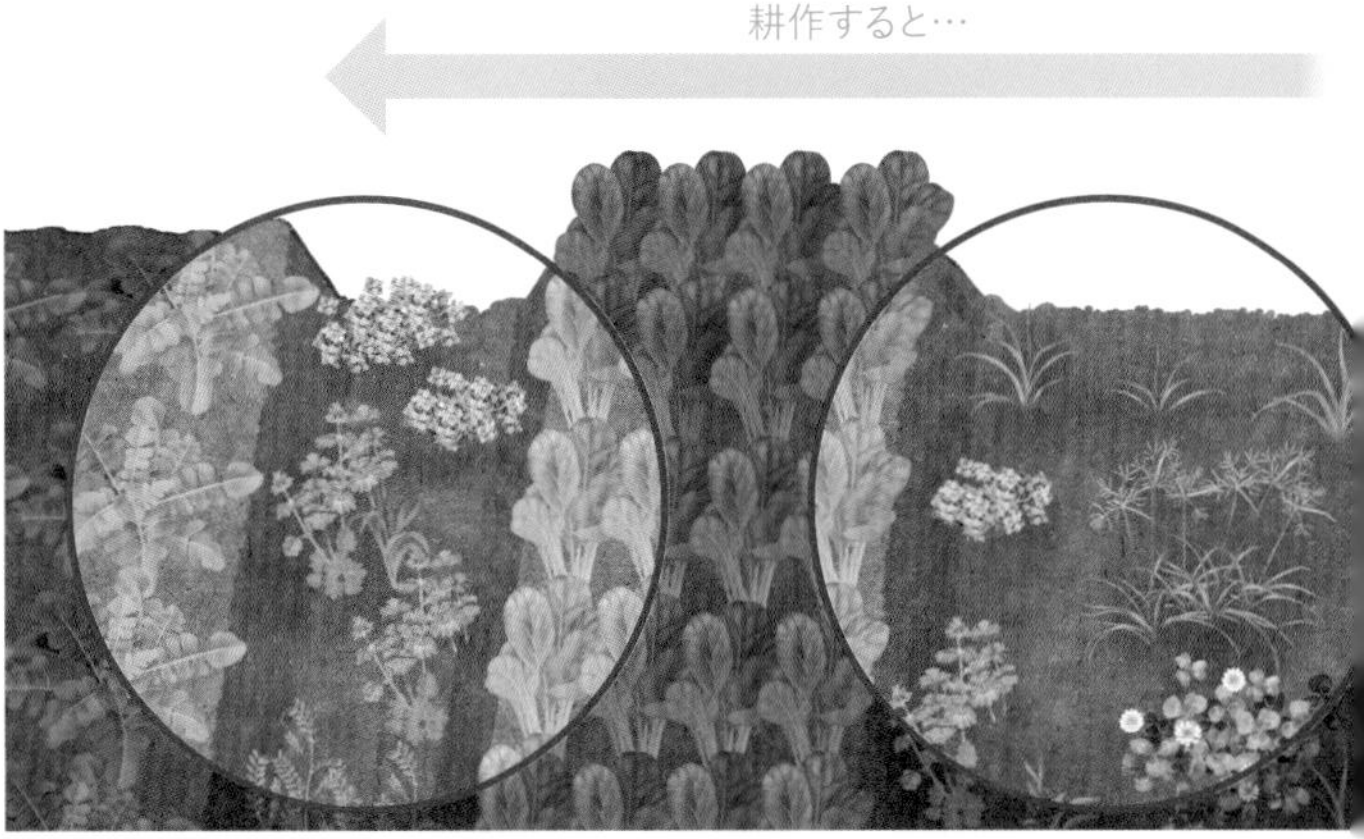

肥えた畑には、丸い葉の雑草（双子葉類）が多い

土が豊かになると、ハコベやアカザなどの双子葉類がふえてくる。土の中の微生物と共生し、野菜との競合は少ない。

痩せた畑には、とがった葉の雑草（単子葉類）が多い

カラスムギなどの単子葉類がふえてくる。中途半端に人の手が入った環境でよく見られる光景。抜けば抜くほどまた生えてくる。

植生の変化で菌ちゃんの働きぶりがわかる

以前、実験を行いました。畑の周囲に生えている、葉先がツンツンとがってかたい雑草（イネ科のカラスムギ〔エンバク〕などの単子葉類）を大量に集めて、土に鋤き込んでみたのです。

とがった葉の雑草は、種が付いたままだったので、また同じ草が生えてくるかと思いきや、草の種類ががらりと変わり、ハコベなど、丸みを帯びた葉の雑草（双子葉類）が生えてきました。

とがった葉の草は、畑のわきや通路など、土がかたくて、養分が少ない場所でも根を張って生き延びます。一方で、丸い葉の草は、肥沃な土を好んで生える草。菌ちゃんたちが草を餌に、土の中に養分とミネラルをもたらしたので、生える草の種類が変わったのです。植生の変化は、菌ちゃんによる土づくりの目安の一つになります。

こんな雑草が適している

畑の通路ぎわや、休耕地によく生えているかたい葉の草が、土づくりに最適な材料を提供してくれます。種が付いた草は地下部の栄養が地上部に移動しているので、とくによいです。

エノコログサ

イネ科の一年草。夏に畑や道端に生える。夏から秋につく穂がイヌのしっぽに似ている。ネコジャラシの別名もある。葉はとがっているが、比較的やわらかく、茎は細い。草丈30〜60㎝。

オヒシバ

イネ科の一年草。これも代表的な畑の夏の雑草。茎はややかたくてしっかりとし、根張りが強く、メヒシバよりも抜きにくい。真夏には草丈50㎝を超えることも。

カラスムギ（エンバク）

イネ科の二年草。葉はやわらかい。春に伸び出したものは暑さで夏に枯れる。緑肥作物のエンバクを秋にまけば、春には大きくなり、早めに刈って枯れ草として利用できる。

ススキ

イネ科の多年草。地下茎でふえて草丈は2mにもなる。葉はざらついてかたい。大きいので草を集めるには便利。秋には穂を付ける。菌ちゃん農法には最適の草だ。

メヒシバ

イネ科の一年草。代表的な畑の夏の雑草。初夏に入ると急に伸び始め、真夏には草丈50㎝にも。葉はとがっていてかたいが、茎は細くて、全体としてはやわらかい。

セイタカアワダチソウ

キク科の多年草。種のほか、根茎でもふえる。初夏になると草丈が伸び、夏には茎がかたくなって、草丈2mほどになる。秋に黄色い花を咲かせて枯れる。枯れたあとにかたい茎が残る。ススキ同様、菌ちゃん農法に最適。

チガヤ

イネ科の多年草。畑のまわりや耕作放棄地に多い。地下茎でふえ、細い葉を縦に伸ばし、草丈80㎝程度になる。初夏になると穂を付ける。

スズメノカタビラ

イネ科の二年草。葉は比較的かたいが、草丈は20㎝程度までで、小形。おもに春先に大きくなるが、秋に芽吹いたものが冬越しすることも。畑やその周辺の道路などでよく見られる。

ステップ① 高い畝を立てる

畝の断面図

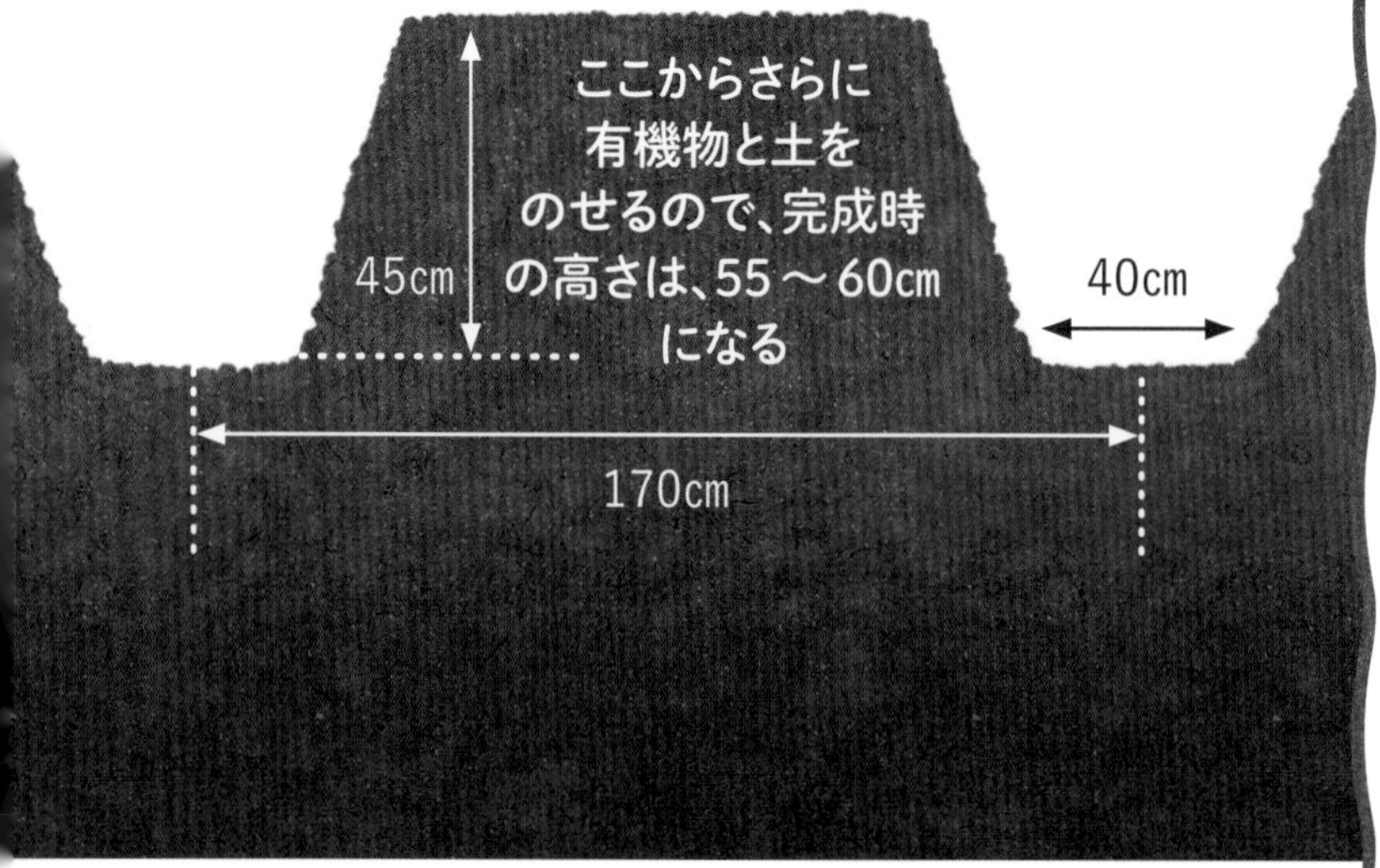

菌ちゃんふぁーむの畑は、畝幅が１７０㎝。図のような台形にします。仕込んだ当初の高さは、溝の底から畝の頂点まで55～60㎝程度。相当な高畝です。

先ほどもいったように「菌ちゃん農法」の肝は、糸状菌による土づくり。糸状菌は好気性なので、空気（酸素）が十分にある環境でふえ、活動します。逆に長雨などで水浸しになると、呼吸ができず、死んでしまいます。

そこで、畝の四方に溝を掘り、土を畝に上げて高くすることで、水はけと通気性をよくします。四方の溝はつなげて水路とし、雨水がいつまでも残らないように、畑の外へ排出しやすくします。

畝の全体像

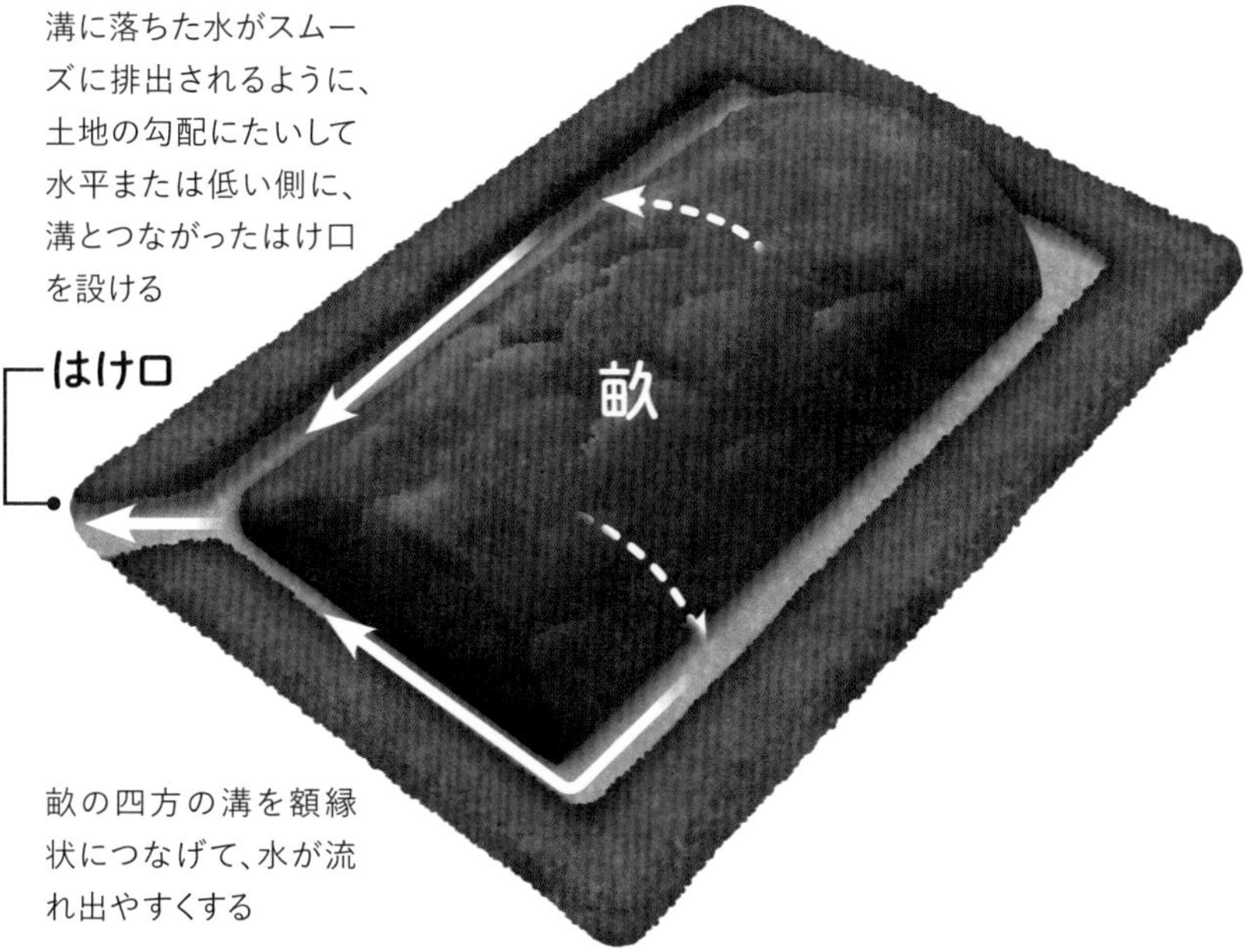

溝の掘り方一つで菌がすみやすい畝に

高低がついたように見えても、地面の勾配や水の流れるくせは、晴れた日ではわかりません。初めて溝を掘ったあとは、雨の日に観察してください。水たまりができた場所は、その部分がなくなるように溝の高低を調節します。

ただし、一度掘った所を土で埋めても、水はその下を流れてしまいます。

深く掘りすぎた所を埋めるのではなく、そこより下流を掘り下げることで水がたまらないように調節してください。また、溝の底に草が生えても、作物のじゃまになったり、排水の妨げになったりしないかぎりは、放任でだいじょうぶ。むしろ雑草の根圏に微生物が集まり、土をやわらかく豊かにしてくれます。

畝づくりのプロセス

❶畝を枠どりにする

最初に、左右の溝の位置を決める。畝を高く盛り上げて、水はけをよくしたいので、広い畝幅が必要。ここでは畝の底辺を130cm、溝幅を40cmとする。黒マルチは幅180cmのものを用意しておく（マルチについてはP56へ）。

炭や石灰を利用する場合は、畝を立てる前にその一帯に広げて耕しておく（P60参照）。

❷溝の土を畝に上げる

スコップや鍬を使って幅40cmほどの溝を掘り、土を積み上げて畝にしていく。溝の底がでこぼこになると排水が悪くなるので、溝がほぼ同じ深さになるように。

❸上面を平らにならす

ていねいにならすと、
後の作業が
うまくいく

畝の上面をレーキなどでならす。大きな土の塊は崩し、畝の上面がほぼ平らになるようにする。上面が平らだと、有機物を均等にのせたり、マルチをきれいに張ったりしやすくなる。

レーキは引くように使って、土をならす。鍬の刃の側面やスコップの背などを使ってもよい。

完成

菌ちゃんのすみやすい
高層マンションが完成

これが完成形。2〜3か月後の植えつけ開始時にはかさが減って、高さ50cm程度になる。

この段階では、溝から畝の上までの高さを45cm程度にするのが目安。このあと有機物をのせ、さらに土をのせてマルチを張るので、完成時は高さ55〜60cm程度の台形になる。

ステップ② 有機物をのせる

畝の断面図

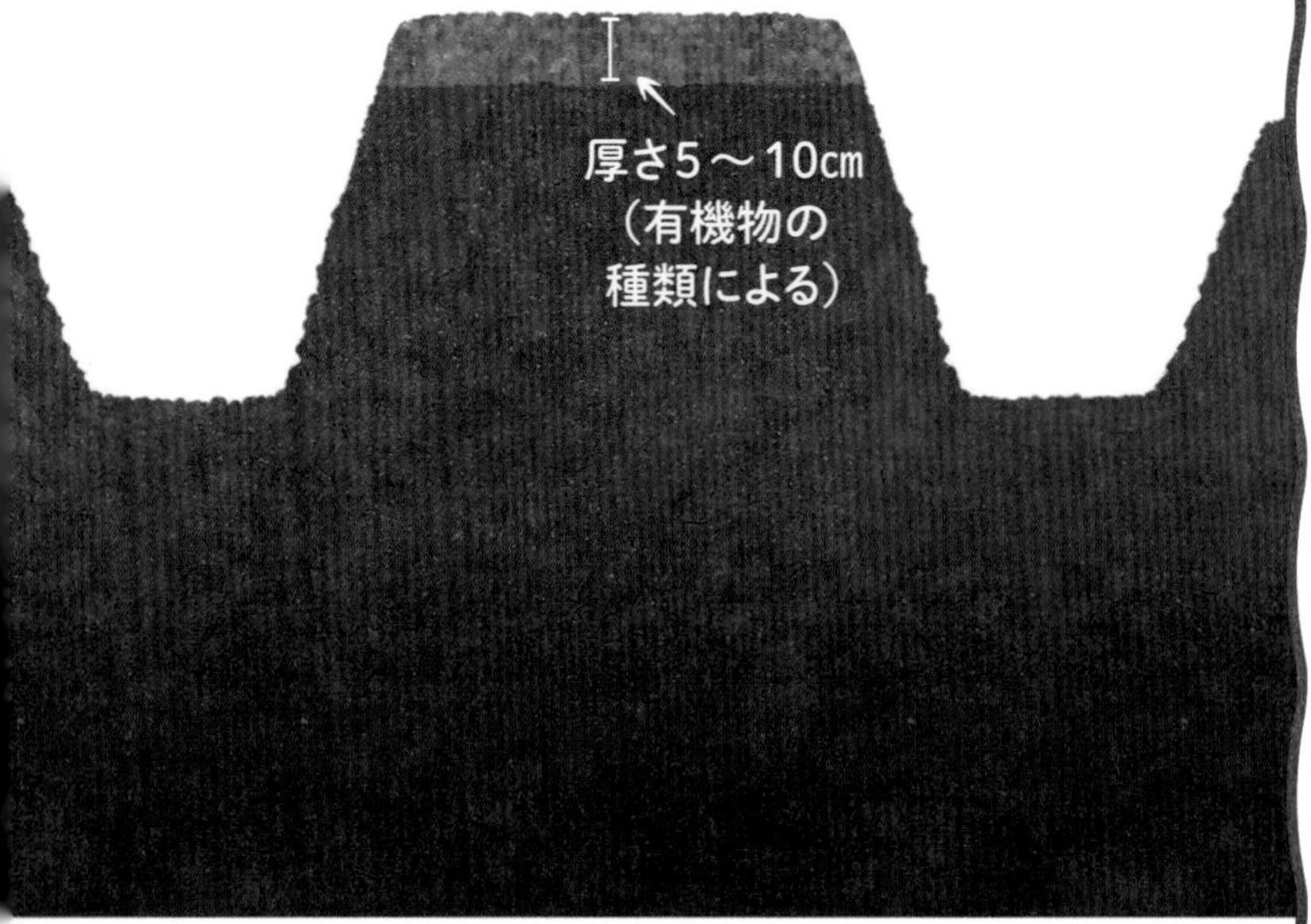

糸状菌による土づくりの方法では、有機物は土の中にまんべんなく鋤き込むのではなく、畝の上にのせるのが特徴です（※）。なぜなら、糸状菌をふやすには、餌となる有機物を土に埋めてしまうよりも、畝の上に置いて、空気に触れやすくしたほうがよいからです。あとで上からマルチで覆うことで、適度な湿りけを保てます。

ただし、糸状菌をふやして土づくりをするには、有機物の表面でふえた糸状菌が菌糸を土の中に伸ばしやすくしておく必要があります。そこで、有機物をたっぷりと畝にのせたあと、土を少量、上にかぶせて、有機物と土をなじませておきます。土をのせすぎると空気が不足します。

※のせる有機物はP36～37へ

どの有機物を使ってもできる。ミックスしてもOK

❶有機物を畝の上に盛る

有機物（写真では籾殻）を畝の上に大きく広げる。刈り草やタケでもよい。

籾殻

籾殻を使う場合、分量の目安は畝1㎡にたいして70～80ℓ。6か月程度、雨ざらしにして水になじむようになったものを使う。

刈り草

刈り草は浅く積んでから数か月、雨にさらして、底のほうに菌糸が少し見えるものを使う。枯れ草の段階で1㎡当たり5kgが目安。

タケ

車や足で踏むなどして、4分の1～半分程度に割り、長さは1～10㎝のものを敷き詰める。最初の植えつけのときから野菜を元気に育てるには、たくさん菌糸が伸びたほうがよいので、タケの表面積をふやしたい。そのためには1㎝程度の長さが理想的。

❷有機物層を均等な厚さに

籾殻の層が厚さ7～8㎝程度になるように敷き詰める。人差し指がすっぽり埋まるぐらい。

ステップ③ 土をかぶせる

畝の断面図

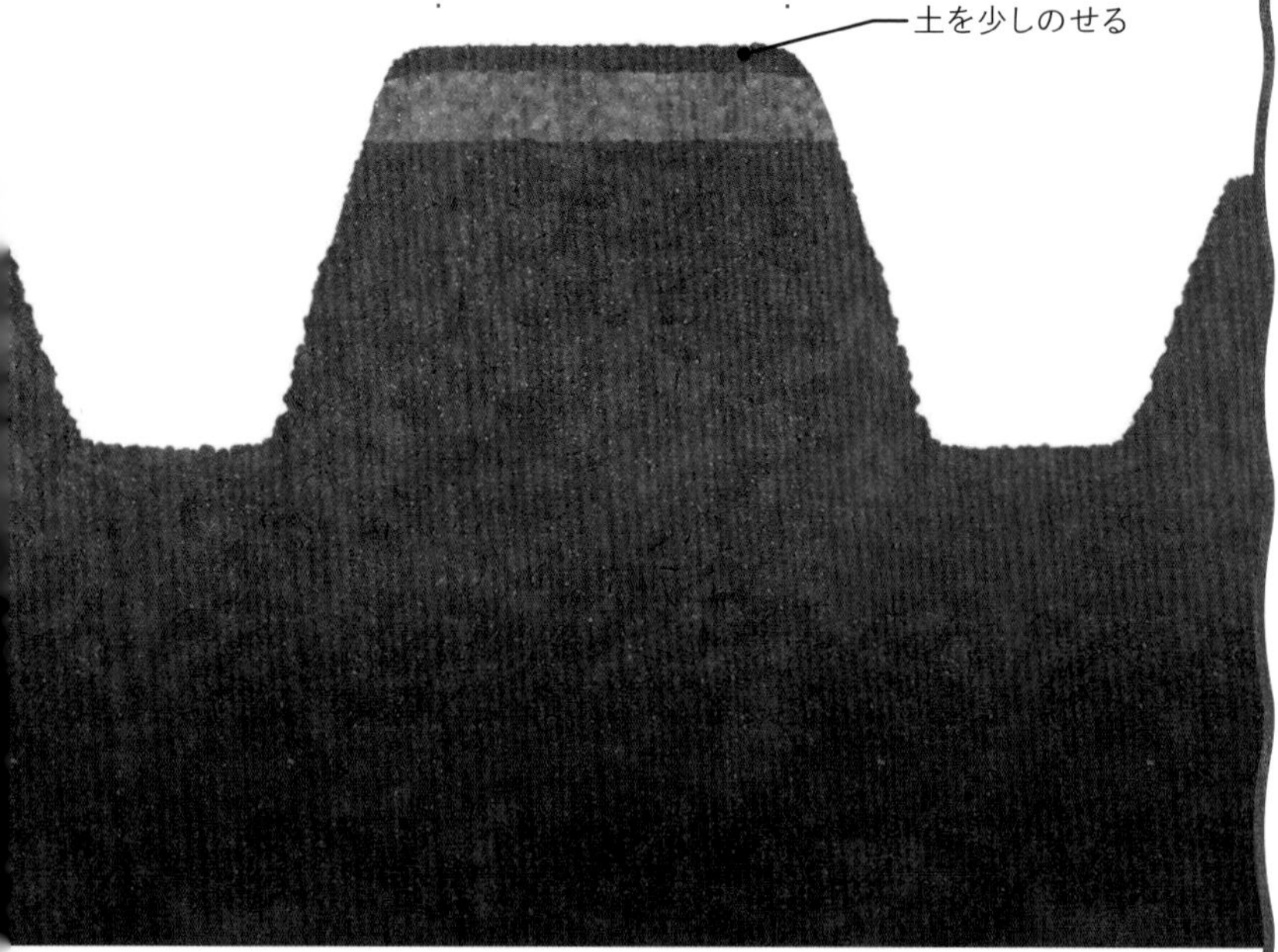

有機物に草や剪定枝を使って隙間だらけになった場合は、土をかぶせたあと上から軽く押さえて、土が草の中に少し入るようにします。このとき、土をかぶせすぎて隙間を完全につぶしてしまわないように注意してください。

隙間がありすぎると菌糸を伸ばしづらく、隙間がまったくないと空気が不足して糸状菌がふえにくくなるからです。

台形に形を整えたら、一度雨に当てて、畝全体にしっかりと水を吸収させます。このとき、畝のまわりの溝に水がたまり、翌日になっても抜けないようであれば、再度、溝の高低を調節し、畑の外へ水が流れ出るようにします。

菌ちゃんが働きやすいように

❶溝からとった土をのせる

❷土と有機物をなじませる

刈り草

刈り草を敷いた場合は、ふわりとかさばりがち。隙間が広がらないよう、上から押さえる。土を草の間にまぶすようにして、適度に隙間も残すと、糸状菌が菌糸を土の中に伸ばしやすくなる。

→表面を平らにして、台形の形を整える。この状態で一度、雨にさらして適度な水分を供給する。

雨にさらす

ステップ④ マルチで覆う

畝の断面図

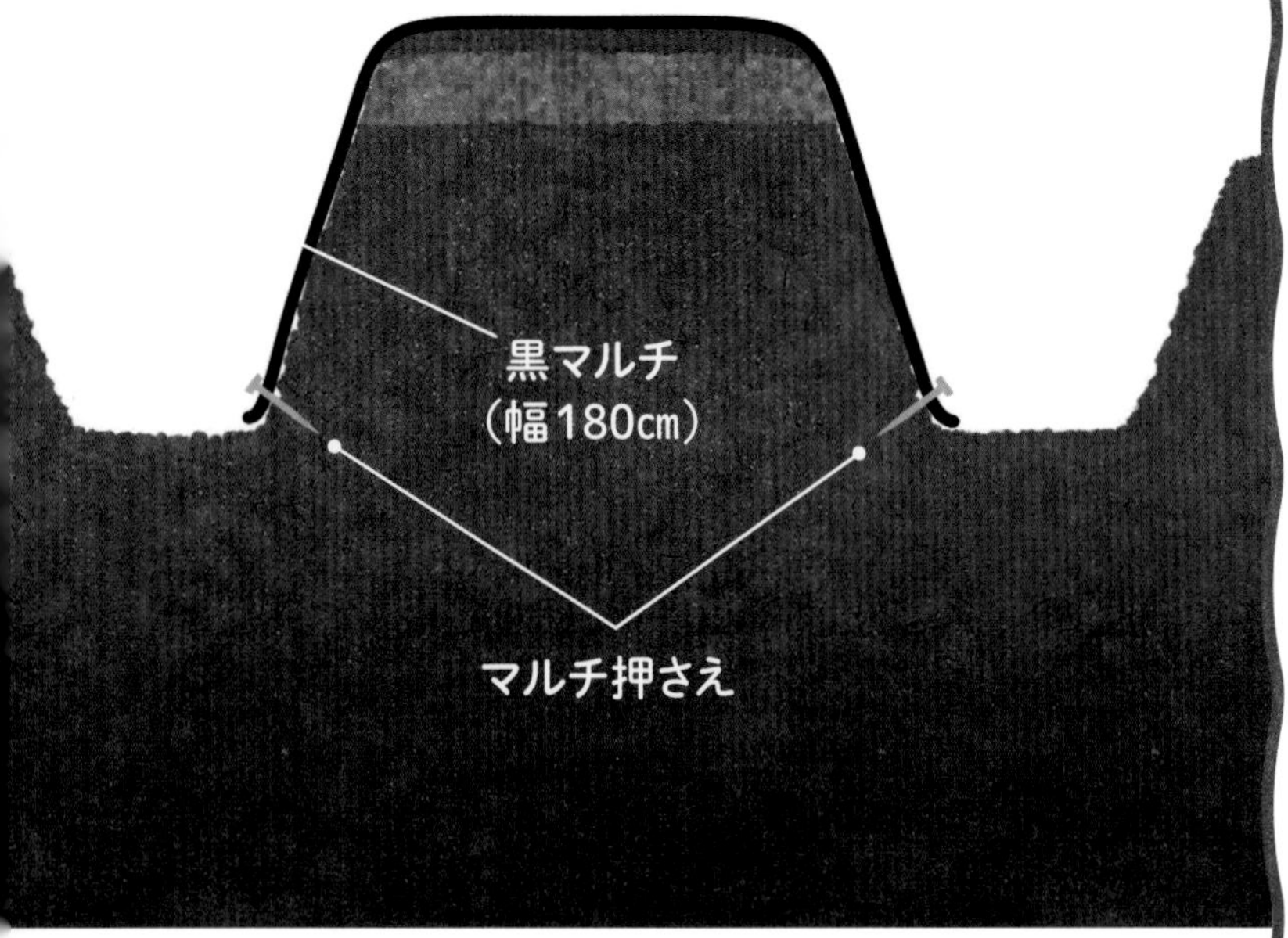

畝にひと雨当てて、土全体を湿らせたあと、180㎝幅の黒マルチで畝全体を覆います（※1 ※2）。マルチを使うのは、まず第1に雨よけ。畝の内部が水浸しになって、糸状菌が消えてしまわないようにするためです。第2に畝の内部の土がカラカラに乾くのを防ぎ、適度な湿りけを保ち、糸状菌が働きやすくするためです。

マルチの端は土に埋めないでください。留め具を使って、風でめくりあがらない程度に固定すると、空気の出入りが確保され、糸状菌が呼吸しやすくなります。さらに畝の肩の部分にも穴をあけると安心ですが、たくさんあけると、その分除草の手間がかかります。

※1 もし大雨だった場合、土の表層が空気を通しにくくなっているので、レーキを土に軽くたたくように当てて、空気の通る土にしてからマルチを張ります。

菌ちゃん農法の畝づくりのプロセス

裾は埋めずに器具で留める

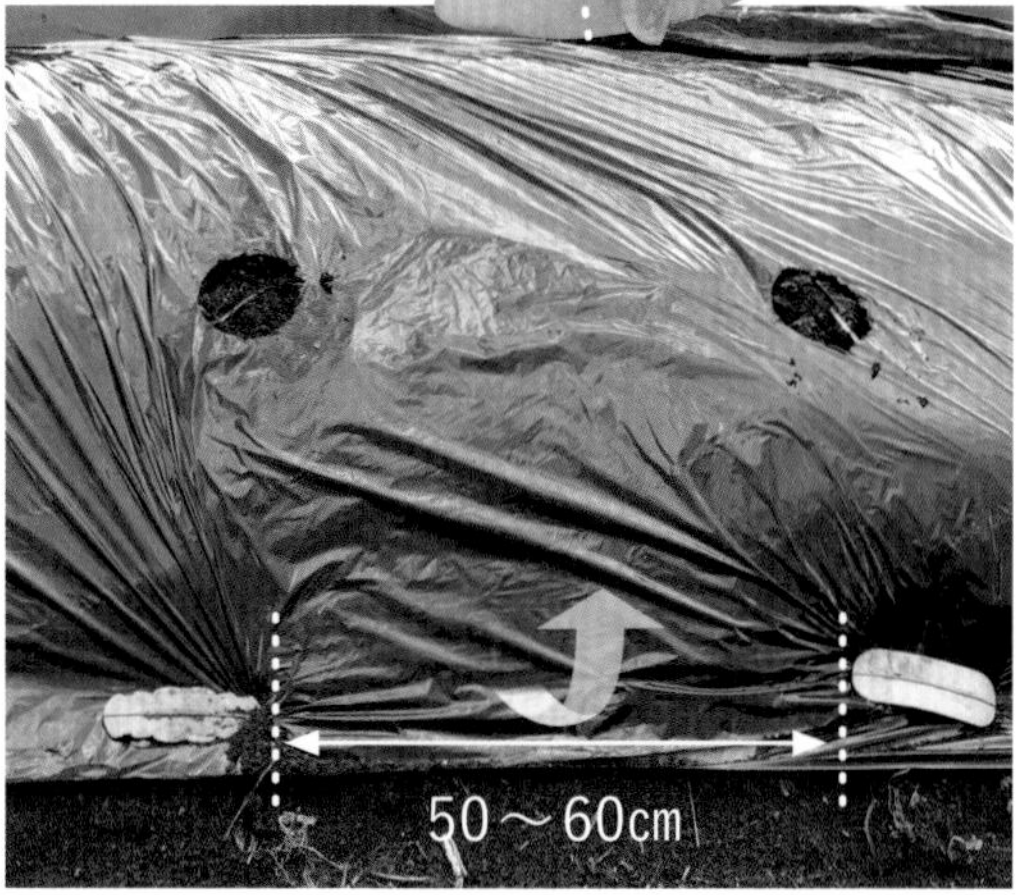

好気性微生物である糸状菌の活動には空気が必須。裾は埋めず、マルチ留めで固定して空気の出入り口を確保する。さらに肩の付近に通気穴をあける。これはあとから野菜の植えつけ穴にもなる。

※2 黒マルチが小口で欲しい人のために、
菌ちゃんふぁーむネットショップでは
10m単位で販売しています。

ポリマルチを使わないとダメ?

石油製品を嫌う人も多いですが、じつはポリエチレンは製造時のエネルギー消費が比較的少なく、可燃ごみとして燃やしても有害ガスが出ない、環境負荷の低い素材です。何作か続けると、土の団粒構造が完成し、水はけが格段によくなってマルチが不要になります。ポリマルチは、土づくりを始めたばかりの糸状菌を助け、土を早く菌ちゃんでいっぱいにするための仮設テントのようなものと考えましょう。

ステップ⑤ 土塊を置く

畝の断面図

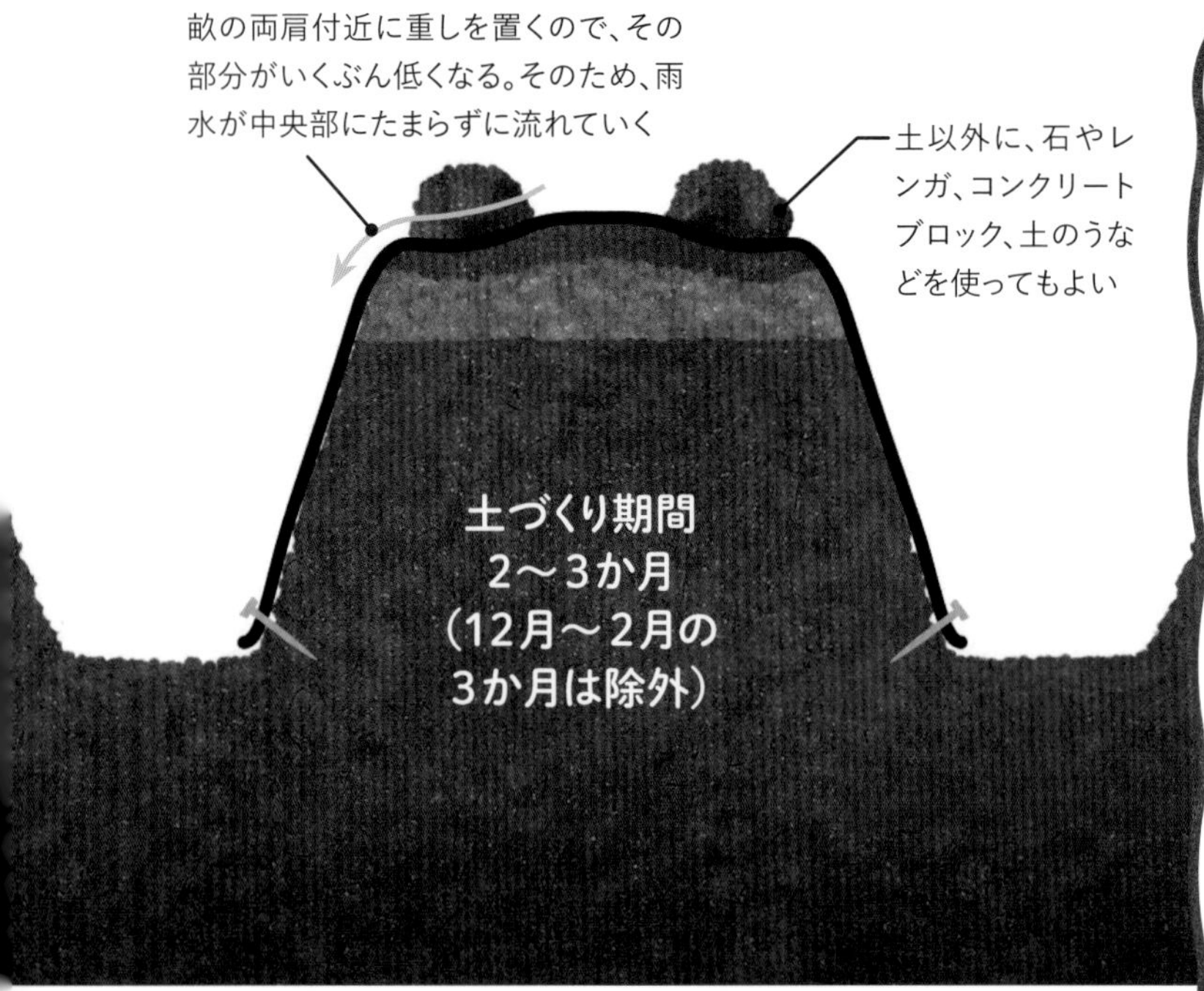

マルチを張ったあと、畝の上にスコップで土の塊を重しとしてのせます。すると、その下の土の粒子が圧縮され、毛細管現象で地中深くから水分が上がってきます。この作用で、畝の上部まで適度な湿りけが保てます。また、雨水がマルチの上にたまりにくくなります。

この重しがたいせつなポイントです。土が雨で流れたら、また土の塊をのせます。

使った有機物の種類によっては、1か月程度で有機物のかさ（容積）が減り、黒マルチにしわが寄るなど緩くなることがあります。気づいたら、留め具を外して、張り直します。このとき重しの下が乾いていたら、じょうろで水をかけ、重しを

→スコップ大もり1杯分の土塊をすくい、塊をなるべく崩さないで、マルチの上に置く。雨や風で流出しないように、踏み固められた部分からとったしっかりした塊がよい。

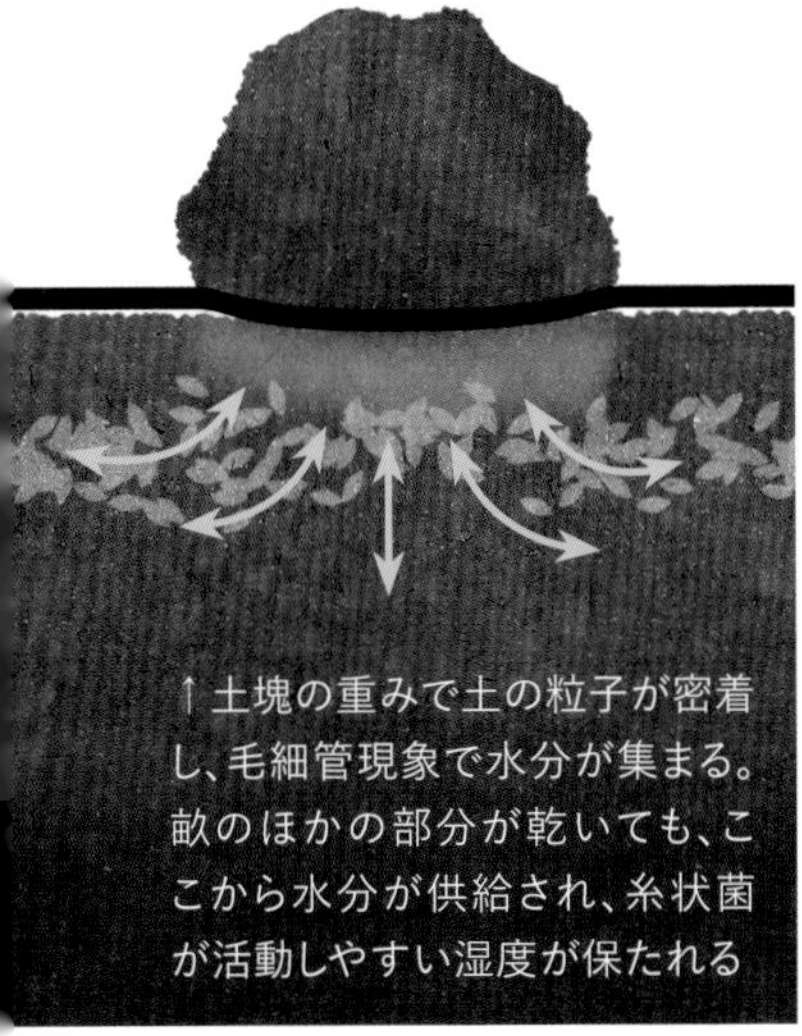

↑土塊の重みで土の粒子が密着し、毛細管現象で水分が集まる。畝のほかの部分が乾いても、ここから水分が供給され、糸状菌が活動しやすい湿度が保たれる

もっと重くします。反対に重しをしていない所が濡れすぎていたら、畝が低すぎるかもしれません。その場合は、重しの間隔をあけ、さらに溝を深くするなどの対策が必要です。

土塊は畝の中央を外してわきの所に2列、約20cm間隔で置いていく(土塊の中心から中心まででではなく、土塊同士の間隔)。土塊で押さえられていない部分が乾いても両隣にぬれた土があるので、水分が適度に供給される

→これにて仕込みは完了。最後に声に出して菌に感謝する。

菌ちゃんはロボットではなく生き物ですから、声をかけたぶんがんばって働いてくれるようです。不思議ですけれど

菌ちゃん、いつもありがとう!

実践、土づくり

石灰と炭で、サプリ的に後押し

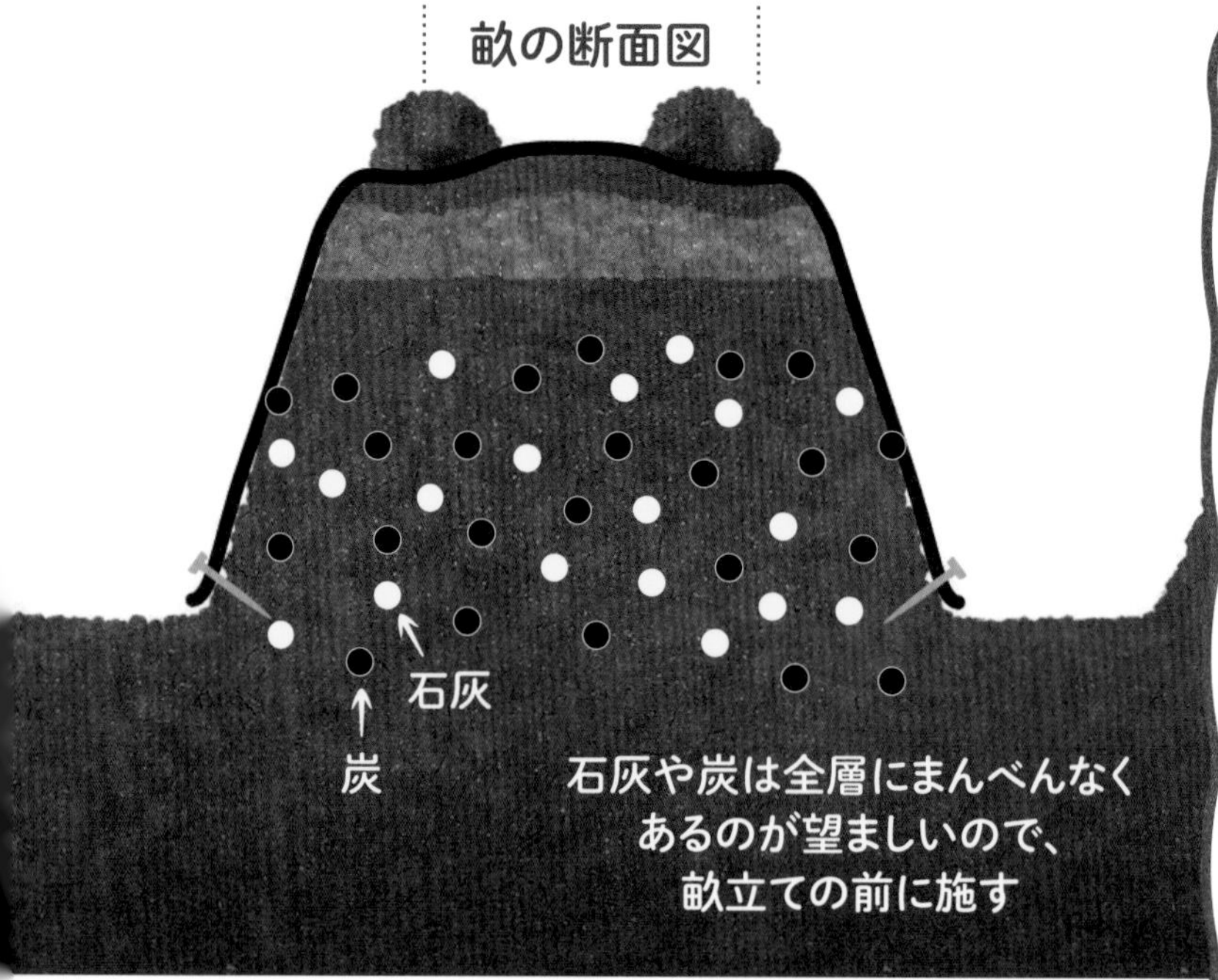

石灰と炭は必須ではありませんが、畝立て前に施せば土づくりを助けてくれます。野菜の栽培に適した土の酸度は、やや酸性のpH6.0〜6.5。これよりも酸性に傾いた土壌の場合、アルカリ性の石灰資材を鋤き込むと中和できます。かき殻石灰は主成分のカルシウムのほか、マグネシウムやマンガンなど多様なミネラルを含むので、野菜が丈夫に育ち、味もよくなります。

　またハクサイ、ダイコン、トマトなどはホウ素欠乏を起こしやすいので、これらを育てたいならホウ砂も畝立て前に土に混ぜておくと安心です。ホウ砂の投入量は1㎡あたり1g以下と微量なので、いったん土と混ぜてから散布します。

石灰→

市販品なら、かき殻石灰がおすすめ。海水や殻の付着物由来の微量要素（ミネラル）が含まれる。ゆっくりと溶けて効果を発揮するので、最初は多めに鋤き込むとよい。

↑炭

竹林からとった竹を無煙炭化器（ステンレス製の容器）で燃やして炭にする。炭は多孔質で、水の吸収・放出をとおして土中の水分を一定に保つ。また菌のすみかになることで、菌の増殖と活動を活発にする。

石灰は買うしかありませんが、炭は自分で用意できます。やっかい者になりがちなタケを利用するのです。無煙炭化器を使って、バーベキュー感覚でタケを火にくべるだけで、適度にバラバラに砕かれた状態の良質な竹炭をつくれます。また、木やタケを焼いてつくった炭は、炭素の塊です。微小な穴が無数にあり、さまざまな微生物のすみかになります。腐敗しにくく、糸状菌が働きやすい発酵型の土にしてくれます。

アマゾンには、肥料をいっさい投入しなくても作物がよく育つ〝テラ・プレタ〟と呼ばれる黒い土があります。黒いのは炭が大量に含まれているから。この土には糸状菌はもちろん、窒素固定細菌や、彼らの餌となる有機物をつくる植物系の微生物まですんでいるので、肥料なしでも、有機物すら入れなくても作物が元気に育つのでしょう。炭による土づくりは、理想的な無肥料栽培を実現する可能性を秘めています。

無煙炭化器での竹炭づくり

周囲に迷惑のかからない安全な場所に設置。左右にひねりながら地面に押しつけ、食い込ませる。さらに地面と接している部分に土を軽く寄せ、空気の出入りする隙間をふさぐのがコツ。

最初にタケの細枝などの焚きつけを入れて、ライターやバーナーなどで着火する。切り倒したタケは生のまま火に入れずに、積み上げて十分に乾燥させてから使用する。

乾燥させたタケを50cm程度に折り分けて、火にくべていく。

炎がよく上がったら、タケを追加していく。入れ方が早すぎると燃えが悪くなって煙が出る。逆に遅いと炭ではなく灰になる割合がふえてしまう。

竹炭づくりにはモキ製作所「無煙炭化器」（写真は容量35ℓ）が便利。ステンレス製の輪を地面に設置して使う。内部で炎が上がると空気の流れが生まれて、不完全燃焼が起きづらく、煙もほとんど発生しない

5

無煙炭化器の中がいっぱいになって、煙がほぼ出なくなり、上部のタケの表面が白っぽくなったら、水をかける。燃え始めてから30分～1時間程度が目安。あまり時間をかけて焼くと、炭ではなく白い灰になる。タケの灰は草木灰と同じくアルカリ性なので、畑に入れるとpHが大きく傾いてしまう。あくまでも炭の状態で消火するのがだいじ。水は、種火が残らないように、平スコップで底まで混ぜながらよくかける。1時間後、煙が少しも出ていないか確認する。煙が出ているところがあれば、その付近を混ぜながら水をかけて完全に消火する。

6

写真の量で約10kg。これを畑にたっぷり投入する。“テラ・プレタ”のような黒い畑をめざす場合は、1㎡当たり20kg以上は入れたいところ。pHを上げずに大量に入れたい場合は、薄く広げて雨に当てたものを使うとよい。

一般的に、炭焼きは野焼き規制の例外とされています。ただし、煙発生禁止など、自治体の条例で規制されていることもあるので、事前に確認しましょう。なお、火の扱いには十分注意してください。

「無煙炭化器」は菌ちゃんふぁーむネットショップでも購入できる。
https://kinchan.ocnk.net

野菜を育てながら土づくりを続ける

有機物を補充する

一度立てた畝は、続けて何年も使えます。ただし投入する有機物によって、糸状菌が分解する速度が異なり、野菜が必要とする養分が得られる期間も異なります。

たとえば、刈り草は1年～1年半でほぼ分解され、糸状菌の餌がなくなってきます。養分がなくなる前に、新たな有機物の補充を行います。一方、剪定枝やタケなどは分解に時間がかかる反面、養分が得られる効果は長続きします。補充の目安は左ページの表を参考にしてください。

いずれの有機物を使った場合も、ときどきマルチの下の糸状菌や置いた有機物の様子を確認し、必要に応じて補充していきます。すでに菌糸は畝

有機物 補充の目安

落ち葉	元の状態により、分解の速さは大きく違うが、おおよそ1年～1年半。
刈り草	セイタカアワダチソウやチガヤ、ススキなどのかたくて分解に時間がかかる草であれば、1年半以上は補充不要。メヒシバやエノコログサといった比較的やわらかく分解が早い草であれば、1作終えたら、すぐに追加する必要がある。
籾殻	1年は補充しなくても、栽培できる。籾殻が分解されて見えなくなる前に補充する。
タケ	チップ状に砕いたものでも1年以上はもつ。10～20㎝程度にバラしたものなら2年以上そのままで栽培できる。
剪定枝	破片の細かさによって異なる。チップ状なら1年半以上。太い枝状のものなら、2年以上もつ。
丸太	太さで変わるが、3年以上は補充なしで栽培できる。丸太からの糸状菌がまだ十分繁殖していないときは、上記の有機物を畝の上側に追加。

のあちらこちらに伸びているので、新たな有機物は、マルチをめくって置きやすい範囲に置けば大丈夫。傷んできたマルチの張り替えを兼ねて、いったんマルチを剥がしてから全面に置いてもかまいません。

糸状菌の働きで、畝の下の深くまで土づくりができるまでには、通常5年はかかります。そのあいだにつくった野菜の残渣も貴重な有機物。収穫後は根を畝に残し、地上部の残渣は乾燥させたあと、5～10㎝程度に切ってマルチの下の畝に置きます。

マルチは傷んできたら、新しいものに張り替えます（56ページ参照）。5年たったら、土は糸状菌の力で通気性、排水性が格段によくなっているはずです。試しに部分的にマルチを張らずに育ててみましょう。よく育つならそのままで。そうでなければ、まだマルチを使い続けます。

野菜を育てながら土づくりを続ける

究極！丸太埋め込み10年無肥料畝

畝に施した有機物は、やがて菌の餌となって分解されるので、定期的に補充する必要があります。それを可能なかぎり長くもたせるのが、丸太を割って1本分をまるまる畝に埋め込む大技です。

菌ちゃんふぁーむでも最近やり始めたばかりの新しい方法ですが、籾殻や剪定枝、タケなどを使う場合と原理はまったく同じ。丸太なら、5〜10年は補充なしで野菜が育てられるとみています。

丸太から菌ちゃんがどんどん広がる

丸太は間伐などして林に1年以上放置され、糸状菌の白い菌糸が付いたものを切って使います。

ただし、丸太を畝に置いたままでは苗が植えにくいので、上に土をかぶせます。また、糸状菌の働きが本格化するまでの保険として、剪定枝や籾殻をスターターに加えます。

注意してほしいのは丸太のサイズです。あまり大きな丸太は、小さな丸太を複数個入れた場合に比べると表面積が減り、菌糸がふえにくい傾向があります。そのため、1年ほど時間がたってスターターの有機物が減り始めたさい、丸太からの菌糸が足りず、育てている野菜が若干肥料切れのような感じになります。

薪ストーブに大きすぎる薪を入れたとき、長持ちはしても火力がなかなか上がらないのと同じです。焚き付け用の小枝の燃焼が弱まってきたとき、

完成した畝の断面図

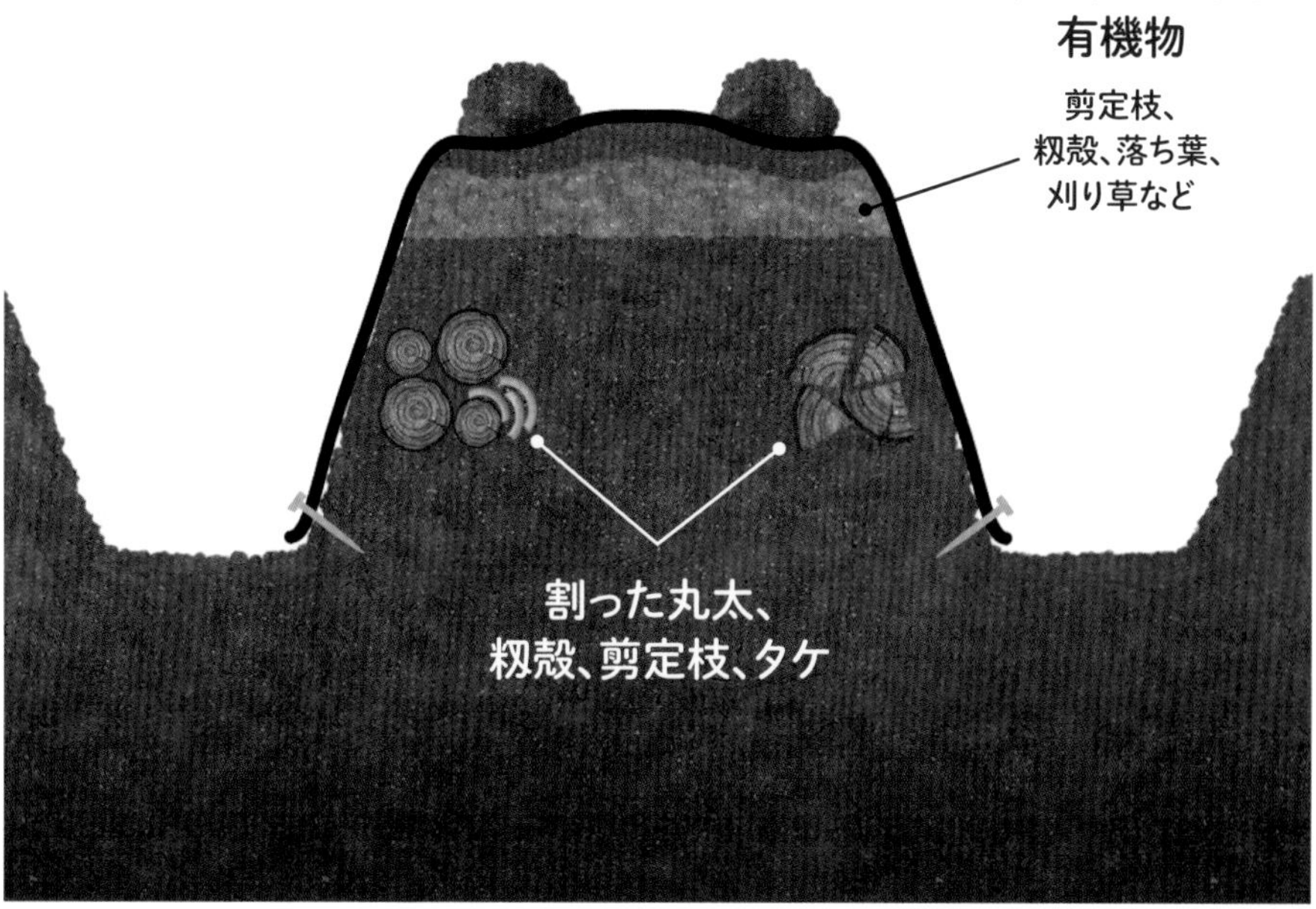

薪がそれを補うほど燃えているかどうかなのです。

なので、直径10㎝を超えるような太い丸太は割ってから入れましょう。木の枝や割ったタケなどもいっしょに入れるとなおよいです。1〜2年後に、もし野菜の状態がやや肥料不足に見えたら、スターターの有機物を追加してください。

苗を植えるときは、スターターの有機物層を押し分けて、その下の土に植えます。植えつけ後の根は、丸太を器用によけて伸びていきます。

糸状菌がまだ付いていない丸太や角材やタケがあれば、畝に埋め込むのではなく、左下のように畝の両側に外枠として置く方法もあります。そのうち、糸状菌が枠の内側から食べ始めてくれます。

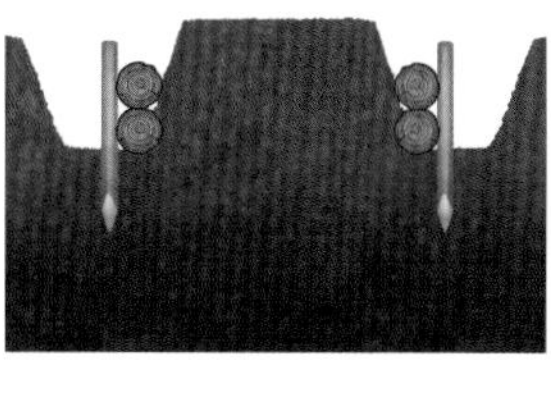

次ページからじっさいのやり方を紹介します。

丸太埋め込み10年無肥料畝

1

1m幅の内側に浅く2列の溝を掘り、丸太や長い枝など大きな有機物を入れていく。表面が少しボロボロになっているものがよい。使い終わった椎茸のほだ木もOK。タケの場合は切りたてでもよいが、あらかじめ割ってから入れる。

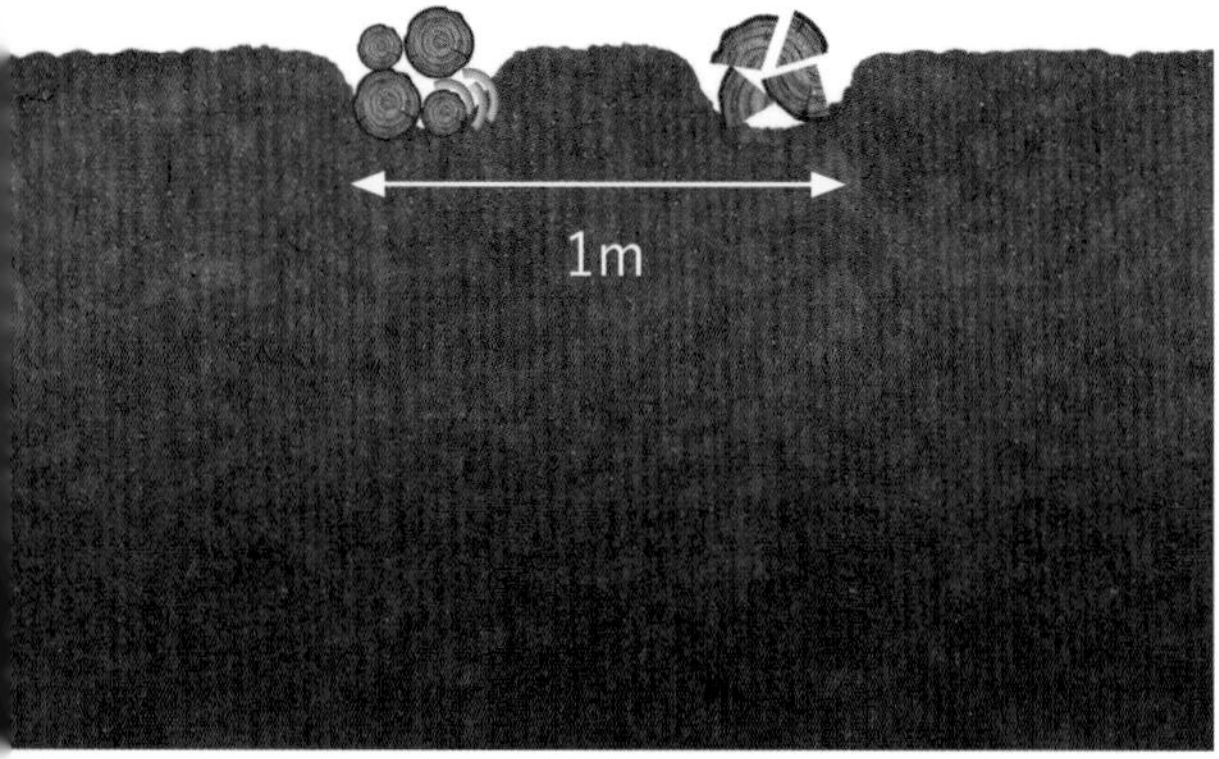

2

溝から土を掘り上げ、2列の有機物が隠れてしまう高い山をつくる。溝を深く掘ったとき、雨水が出て行く低い場所がない場合は、あらかじめ溝幅をより広く取り、土の掘りが浅くても高い山がつくれるようにする。近くに雨水がたまる大きな穴を掘ってもよい。ある程度土が湿っていないと高い山がつくりにくいので、乾きすぎている場合は水をかける。

菌ちゃん、丸太で
大きく育ってね!

3

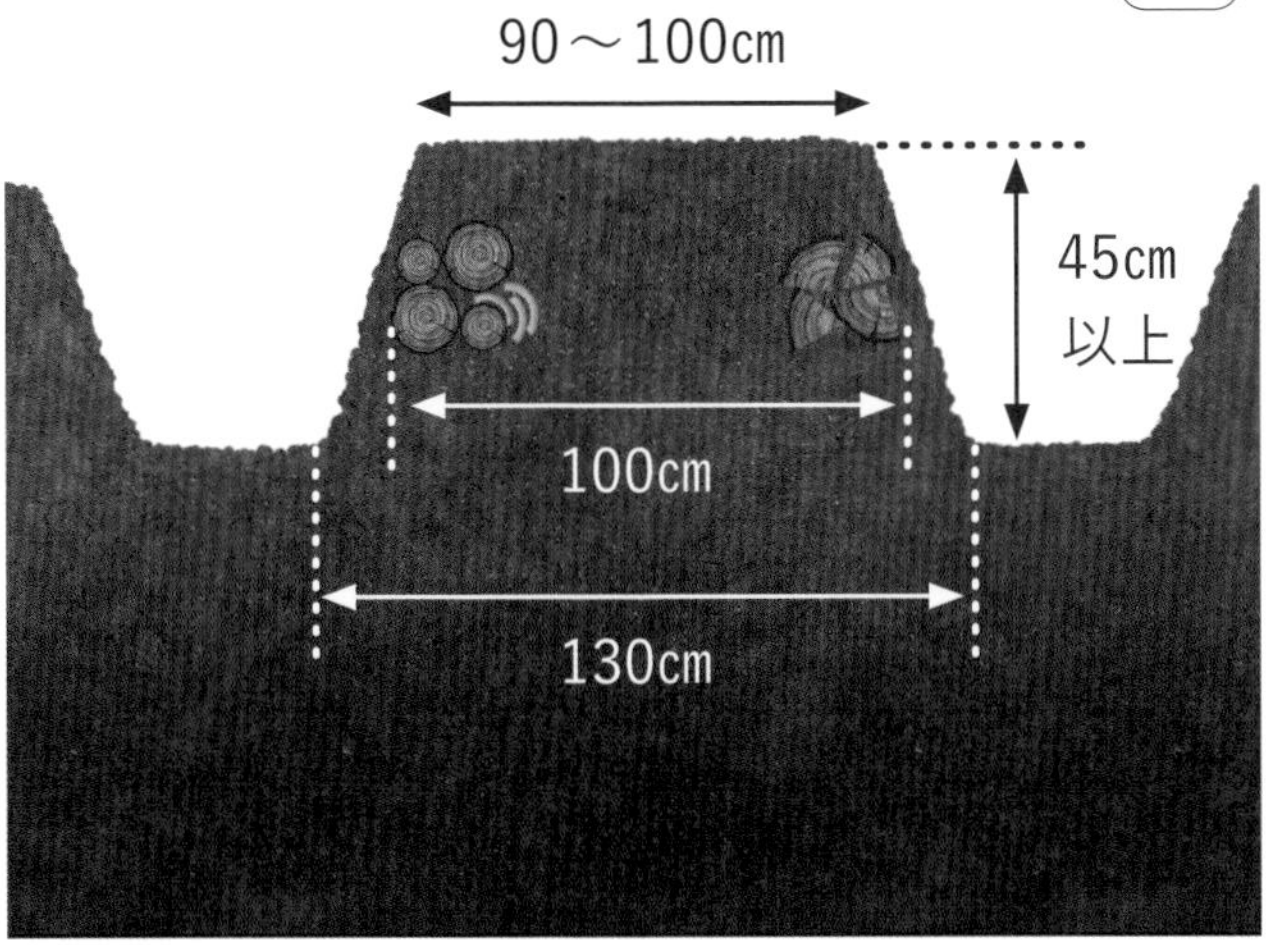

畝の形を台形に整える。できるだけ畝の側面を急にして畝幅を広げる。最初に仕込んだ有機物は、溝底より高い位置にあるので雨で水浸しになりにくく、側面から空気が通りやすくなっており、糸状菌が伸長しやすい。

4

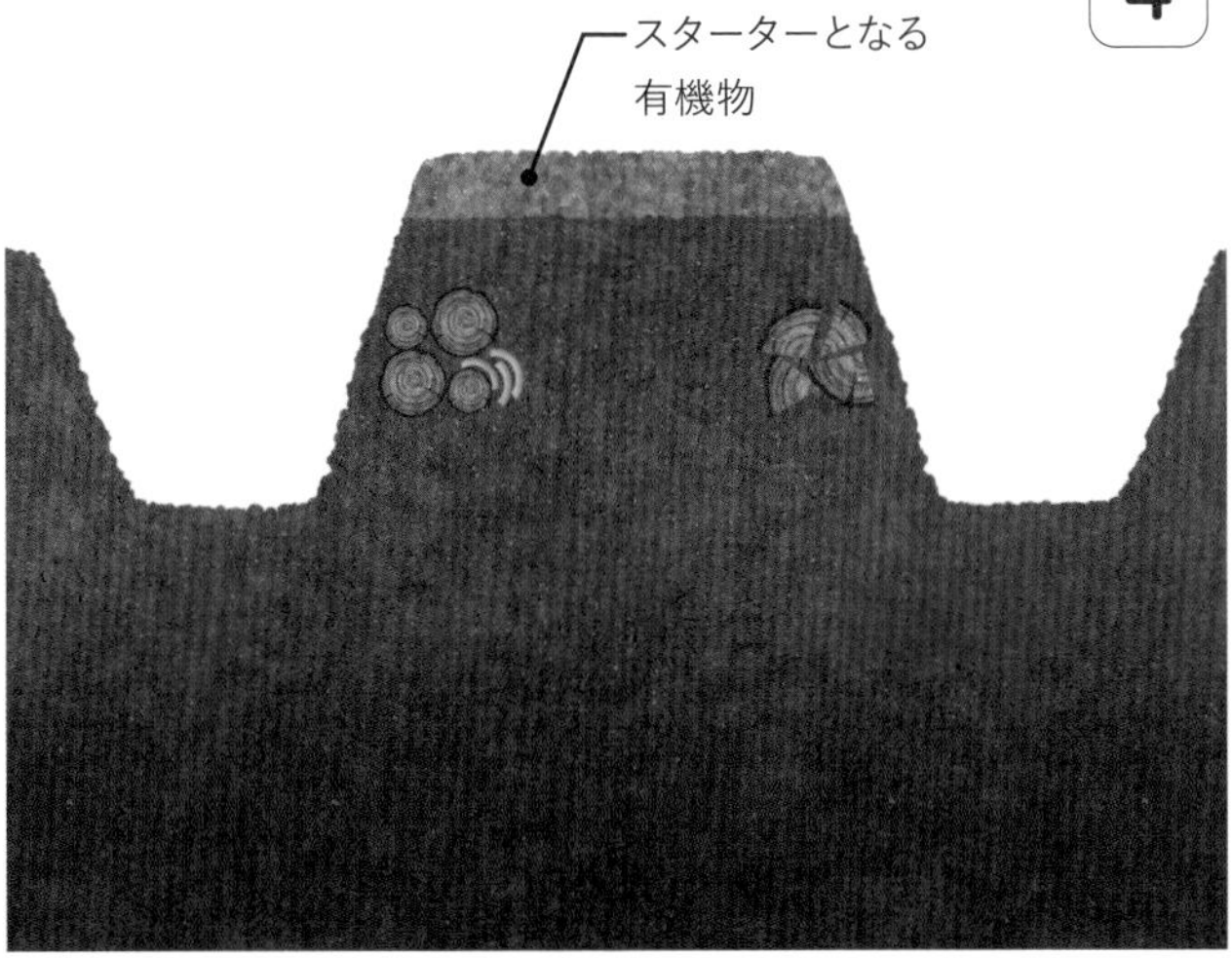

有機物を畝にのせて広げる。最初に入れた2列の大きな有機物から伸びる糸状菌の働きが活発になるまでスターターとなる。のせる有機物についてはP36〜37を参照。これ以降のプロセスは、P52〜P59を参照。

ちょこっとお試し土づくり

プランターでも肥料袋でも始められる

プランターの場合

具体的なプロセスはP72へ

用意するもの

- 有機物（刈り草）
- ブルーシート
- ひも
- 土
- 黒マルチ
- プランター
- 小枝

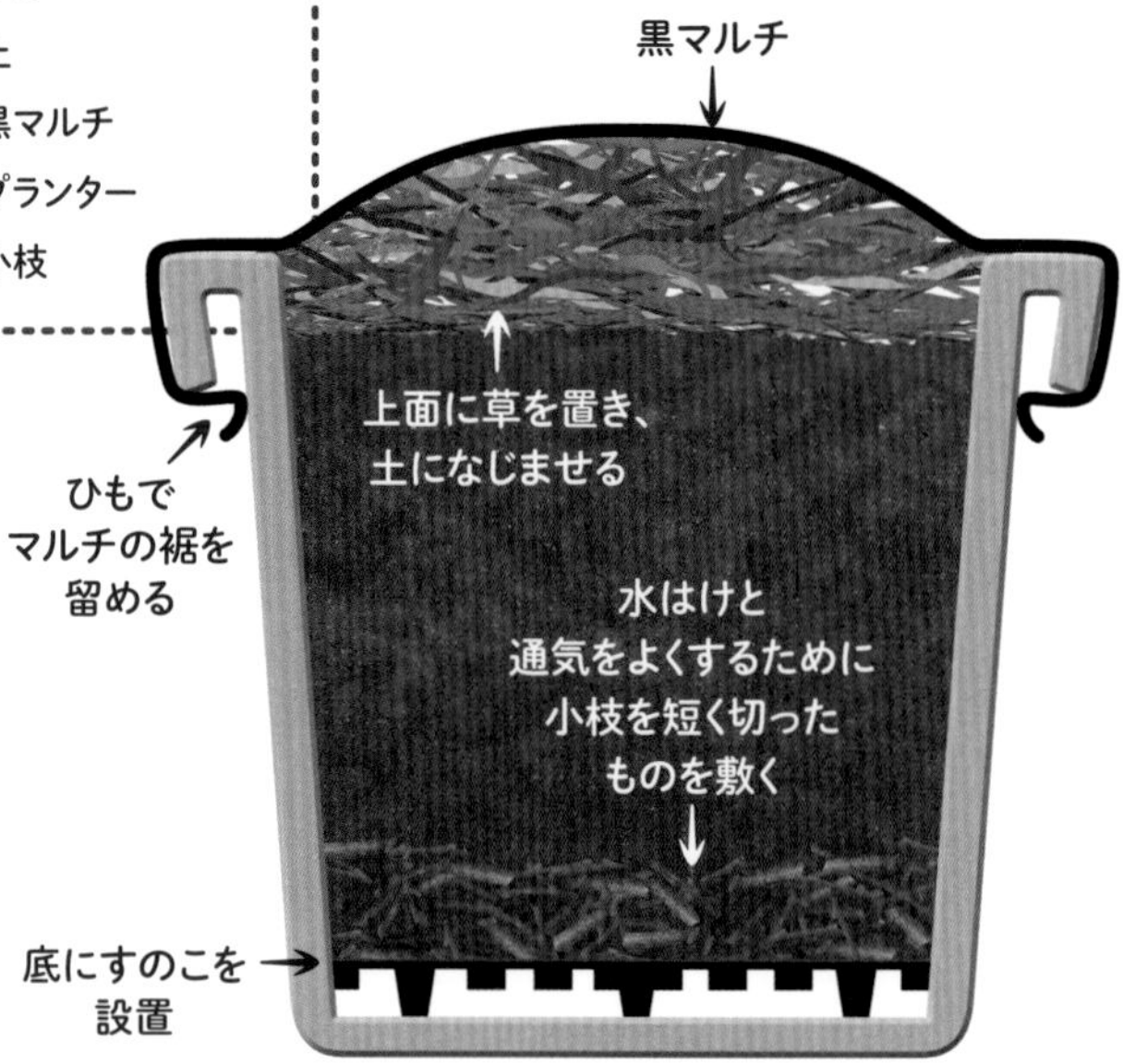

肥料袋の場合

具体的なプロセスはP74へ

用意するもの

- 有機物（落ち葉）
- ブルーシート
- 土
- 肥料袋
- 小枝

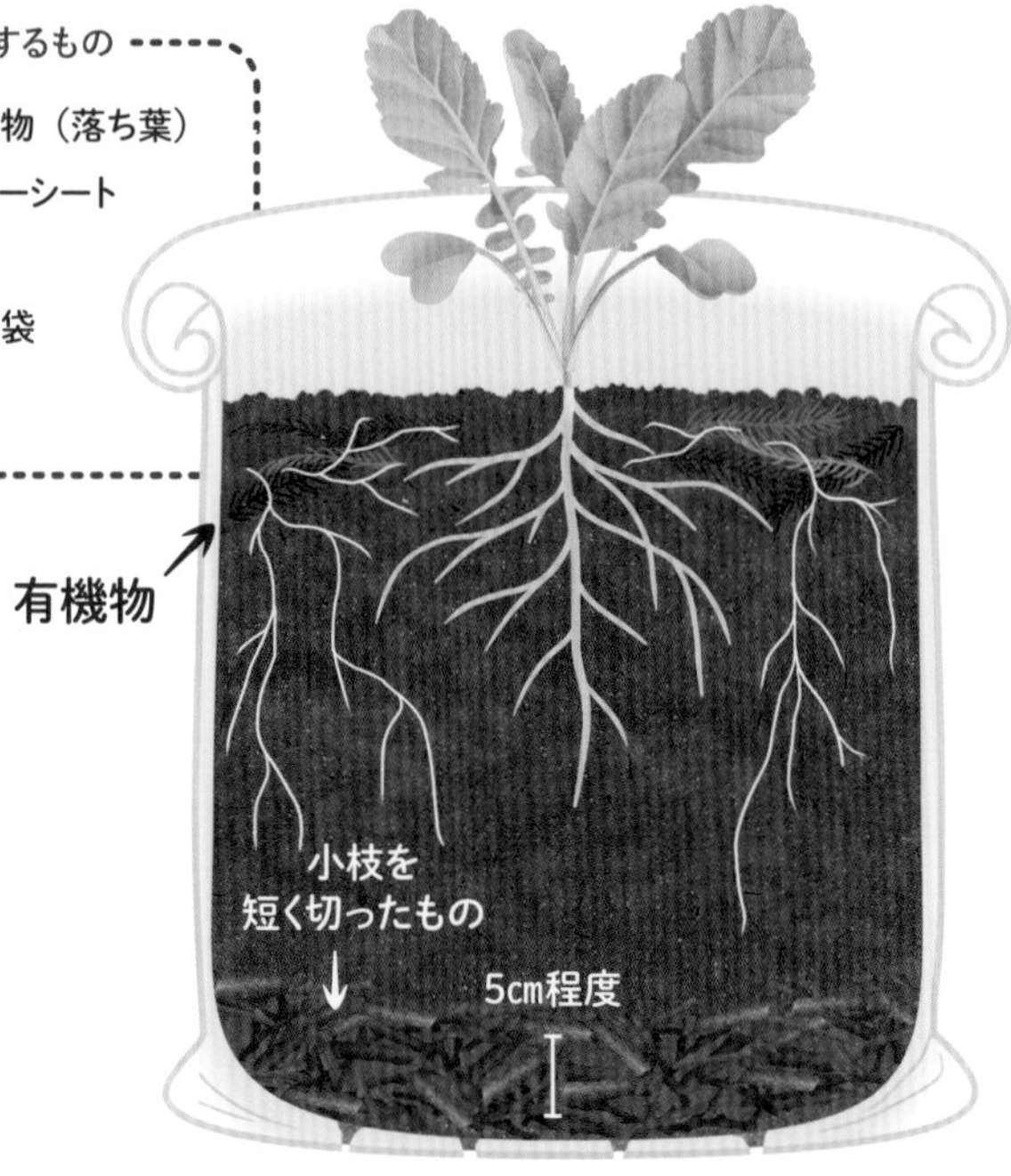

使い古した土を再利用できる

糸状菌による土づくりに興味があるけれど、「畑に空いているスペースがない」「まずは身近な場所で試してみたい」という人もいるでしょう。そんなときおすすめなのが、プランターや肥料袋です。刈り草や落葉などの有機物を使うのは、これまで紹介した方法と同じ。身近で手に入れやすいものを使ってください。

土は畑の土のほか、プランターやコンテナで1作以上野菜を育てた培養土が適しています。新しい培養土は肥料分が豊富なため、ほかの細菌類が繁殖しやすく、糸状菌による土づくりには向きません。肥料分が抜け、団粒構造が崩れて目詰まりした使い古しの土があれば、うってつけ。この方法なら糸状菌ちゃんの力で、土は再び団粒構造になっていきます。

水と空気の通り道を確保する

気をつけるポイントは、畑で黒マルチを使って行う場合と同じです。糸状菌は空気が好きなので、肥料袋やプランターの中の水はけをよくし、水浸しにならないようにします。同時に、乾きすぎず、適度な湿りけを保てるようにします。

プランターの場合は、高さが30㎝以上の大型のものを選びます。肥料袋であれば、底に3～4か所、穴をあけて、水分がたまらずに抜けるようにします。どちらの場合も、底に小枝を短く切ったものを入れて排水と空気の出入りをよくします。あらかじめ適度に湿らせた土と湿らせた有機物を入れたら、仕込みは完了。軒下や土間など、日陰で雨が当たらず、温度変化が少ない場所に置きましょう。土づくり期間は、いずれも2～3か月が目安です（※）。

※気温が5℃を下回ると菌がほとんど動かないので、そのあいだは土づくり期間にカウントしないで。

プランターでの始め方

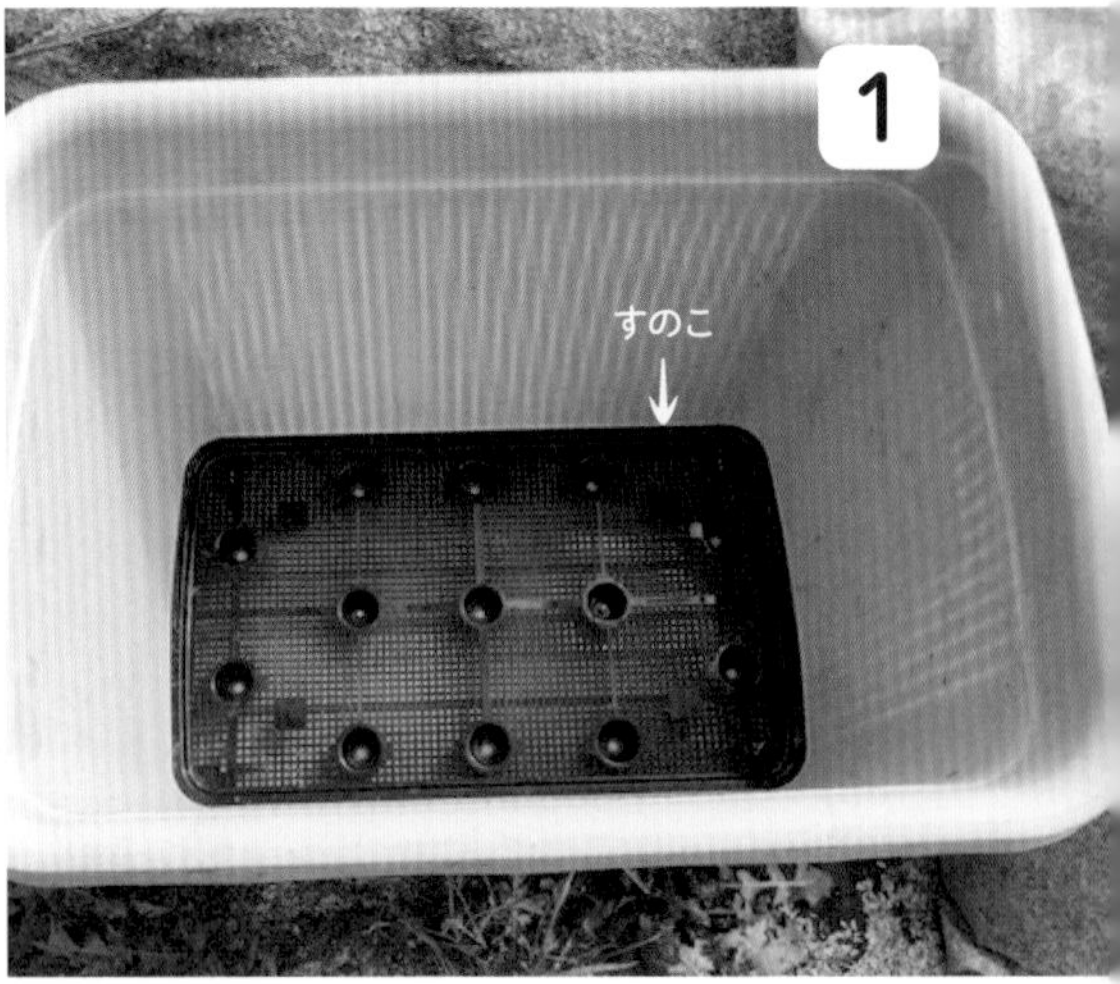

プランターの土を一度ブルーシートなどにあけ、底にすのこ（今回使用したプランターには付属）を敷く。

1の上に小枝を5～10㎝に折ったものを高さ5～7㎝ほど敷き詰める。上層部はより短く折ったものをのせ、その上にのせる土が小枝の中に落ちにくくする。小枝がなければ軽石でもよい。

土を全体の9分目ぐらいまで入れ戻す。

乾燥した有機物（ここでは刈り草）をブルーシートに広げ、じょうろで水をかける。雨に当たった直後で、十分湿っていれば必要ない。

刈り草をプランターの上に大きく盛り上がるくらいまでたっぷりと置き、土を押しつぶさないように、プランターの縁から内側へ水平方向に押し込んでいく。

上に土を少量かけて、草と草の隙間を適度に埋めるように、軽くなじませる。

雨よけの黒マルチで覆い、プランターの側面にひもを回し、縛って留める。

密封状態にならないよう、マルチに小さな空気穴を2～3か所あける。

肥料袋での始め方

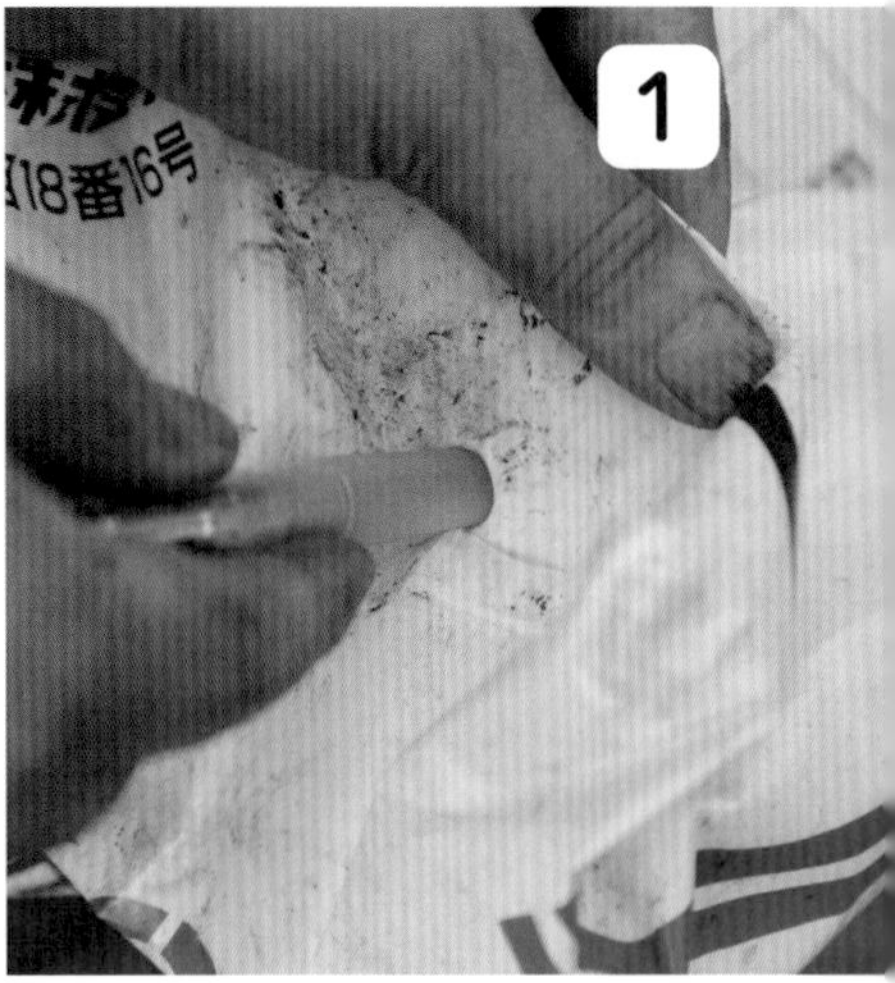

肥料袋の底に、先のとがったものを突き刺して、水抜き穴をあける。目安は20cmおきに計3～4か所。

プランターのときと同じように、1の上に小枝を5～10cmに折ったものを高さ10cmほど敷き詰める。上層部はより短く折ったものをのせ、上にのせる土が小枝の中に落ちにくくする。小枝がなければ軽石でもよい。

土は、あらかじめシートに広げ、じょうろで水をかけて混ぜるなどして、べちょべちょではないが、しっかり湿った状態の土にしてから入れる。入れる量は袋の高さの7割程度まで。畑の土か使い古しの培養土がよい。肥料分が多い土だと、糸状菌に窒素固定細菌が共生しない。

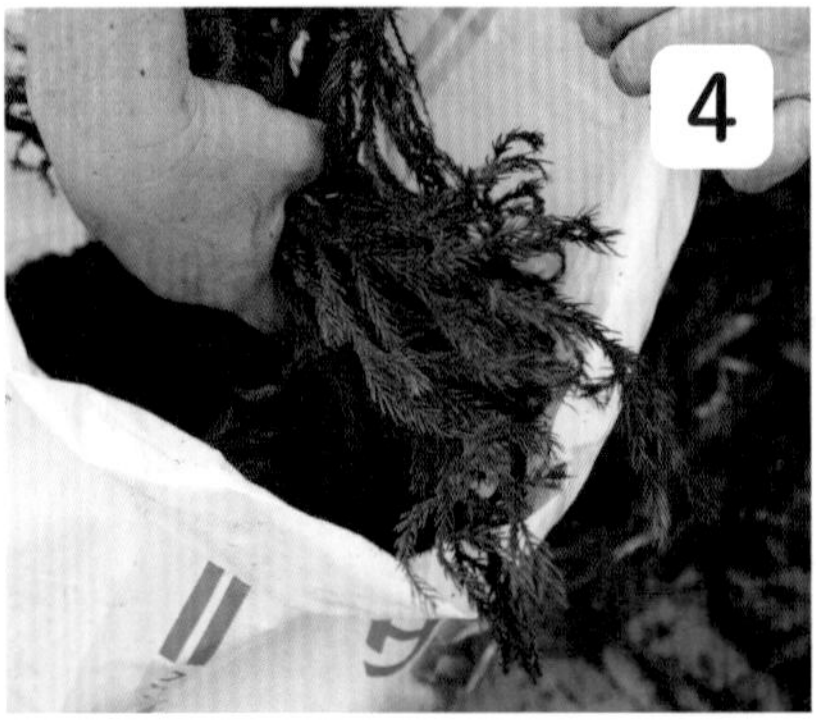

かたい枯れ草、小枝、落ち葉、タケ、綿100%の古着やタオル、籾殻など、有機物を土の上にのせる。どれも数か月以上雨ざらし状態で放置されていたもの（ところどころ糸状菌が付いているもの）を使う。乾いている場合は水をかけながら混ぜて隅々まで湿らせておく。草、枝、タケなどは1～数cmに短くして入れたほうが、菌糸がたくさん張りやすい。

菌ちゃん
頼むよ〜

有機物の上に2〜3cm土をかぶせ、有機物に軽くまぶしてなじませておく。

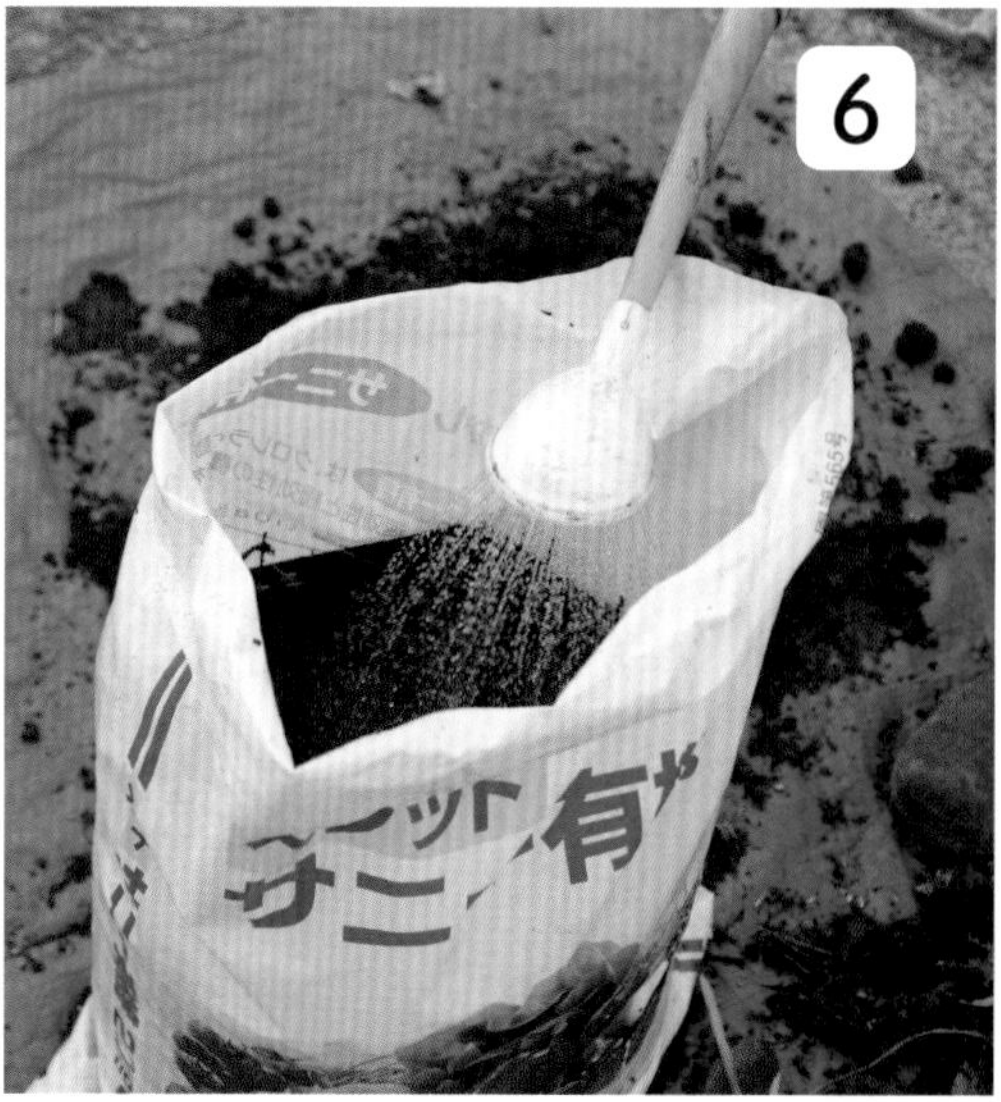

じょうろで水をさっとかける。水浸しになって土の中の空気がなくなると腐敗に傾くので、与えすぎは禁物。

雨などが浸入しないように、袋の口をたたんで閉じる。

テープで口を留める。空気の出入りがまったくなくなるほど密封しないこと。袋にマジックで仕込んだ日付を記す。

ここが知りたいQ&A

教えて、吉田さん!

Q

炭素分の多い有機物を入れて、窒素飢餓が起きないの?

有機物を土に入れると菌が繁殖しますが、そのときに一定量の窒素分を必要とします。炭素分の多い(窒素分が少ない)有機物を大量に施すと、土の中の窒素分が不足する「窒素飢餓」が起こらないのでしょうか?　かえって植物が育たなくなると思いますが。

A

窒素飢餓を意図的に起こしています

炭素分の多い有機物、たとえばかたい葉の草を、あえて大量に畝の上にのせることで、一時的に土の中に窒素飢餓の状態をつくり出しています。おもしろいのは、こうして土の中の窒素が少なくなると、もともとすんでいた窒素固定菌がふえるんです。空気中の窒素を取り込んで肥料分と同じ形(アンモニア態窒素やアミノ酸)で土中に供給するようになります。まだ正確には解明できていませんが、「菌ちゃんふぁーむ」の畑の土を分析すると窒素固定菌が多く見つかっていて、おそらく窒素固定菌と糸状菌が連携して働くために、肥料を施さなくても野菜がよく育つものと考えています。

無肥料の土づくりをした区画に植えつけたカボチャ苗。当初は葉が黄色っぽく、生育が止まったように見える。明らかに窒素不足の症状。

肥料は施さない。やがて根が菌のネットワークにつながって苗に窒素が供給され始める。すると放っておいても健康的な緑色の葉に回復する。

やがて、急速につるを伸ばして生長を始める。もちろんこの間、無肥料。不足していた窒素分は空気中から取り込んだのだと推察できる。

Q

土づくりをする畑に草が生えているのですが、先に根ごと全部とるべきですか?

A

地上部だけをざっととります

草をそのままにして畝を立てると、草が土の中で腐敗するおそれがあります。地上の部分だけをざっと刈って畑の外に持ち出しておきます。高畝をつくり、菌ちゃんの食べものをのせたその上に持ち出した草ものせて、薄く土をかけて、黒マルチを張ってください。

もしスギナが生えている場合は、スギナの根から伸びた新芽が黒マルチを破ることがあります。スギナの根がある場所は、黒マルチを二重に張っておけば安心です。

Q

草は切らなくて長いままでいいのですか?

A

切ったほうがいいですよ

1～数cmに切ってから入れると、表面積がふえる分、1年目から糸状菌がたくさん出やすいです。

かたい草はそのまま土にのせると、草と草の間の空間が広すぎて糸状菌が繁殖しにくいので要注意。ただ、数か月雨ざらしにしてあって、少ししんなりしていて、下のほうの草に菌糸が張っているのが見えるようなら、切らずにそのままのせてもよいでしょう。空間が広くなりすぎる心配はないはずです。

逆に、やわらかめの草の場合、仕込んだあとで次第につぶれ、空間がなくなることも。すると糸状菌ではない細菌類が草(有機物)を食べやすくなるので、無肥料栽培はむずかしくなります。こうした場合は表層部にのせる土を、意図的に草の間に落とせば、草と草の間に空間ができ、糸状菌が食べやすくなります。

Q

溝上げ機を使って畝をつくる場合の注意点はありますか?

A

爪の付け替えを忘れないでください

菌ちゃん式の高畝をつくる場合、溝上げ機の溝幅は40cmは必要です。40cm幅の爪に付け替えてください。また溝上げ機を使うと、糸状菌の食べものの上には土は薄くのせないといけないのに、土をのせすぎになりやすく、空気不足で糸状菌が働きにくくなります。先にしっかり溝上げしてから整地して食べものをのせ、その上には少しだけ土がのるようにしてください。

Q

斜面の場合、水が出て行きやすいから、畝を高くする必要はないのでしょうか?

A

基本的にはそうです

ただ、傾きが緩やかで土が粘土質である場合、あまり高くない畝だと、黒マルチを張った畝の地下で雨水が浸透し、毛細管現象で畝の中に上がります。そうなると糸状菌はなかなか成長できません。いったん土づくりを仕込んだ畝を、あとからもっと高くするのは困難です。雨が降ったとき、マルチの中の土は、重しを置いた部分だけはしっかり濡れて、それ以外は比較的乾いている状態が理想です。そうなるよう、最初からできるだけ高畝にしてください。畝が高すぎた場合、土を仕込んで1か月後、少しマルチを剥いで、重しの下の土を見ると乾いているはず。そんなときは重しをもっと重くすればOKです。

Q

今まで通常の農業をしてきて、肥料分が畑に残っているのですが、無肥料の土づくりはできますか？

A

窒素固定細菌次第です

土づくりをするにあたってわざわざ肥料分を入れると、窒素固定細菌がふえないので、無肥料で育つ土にはなりません。前作を化学肥料あるいは有機肥料で育てた土でしたら、少しは肥料成分が残っていますが、基本通りの菌ちゃん式土づくりをしてください。できた土に野菜を植えて育てても無肥料とはいえませんが、その次に植えた野菜がよく育てば、無肥料栽培の土ができたといえます。

Q

耕作放棄地で無肥料の野菜づくりをすれば、よりよい野菜が育ちますか？

A

はい。もちろん耕作放棄地でない場合でも、とてもいい野菜が育ちますよ

農家のみなさんがいうところの耕作放棄地では、作物はつくらなくなったが、草刈りや耕うんだけは定期的にしている場合が多いです。そうした場所でも、本書に書かれた自然物を使った土づくりをすれば問題なく元気な菌ちゃん野菜が育ちます。

長年、耕うんも草刈りもしておらず、カヤやカズラ、タケ、小木が生えている場合は、このまま菌ちゃんの土づくりをしてもマルチを突き破って芽が出てきます。この場合は、まず、おおむね20日に1回の頻度で地上部を計3回刈り取ります。その後、やはり、おおむね20日に1回の頻度で、3〜4回耕うんします。トラクターがある人は使いましょう。

最初はごく浅く、次第に深く、最後はいちばん深く耕します。すると草木たちはほとんど菌ちゃんに食べられてしまい、菌ちゃんだらけの土になります。そこから土づくりを仕込んでください。

Q

緑肥作物を育てて栽培を行ってきました。菌ちゃん農法の土づくりに緑肥作物を使えますか？

A

使えますが、わざわざ緑肥を作らずとも大丈夫です

背が高くなるソルゴー、セスバニア、クロタラリアなどは、茎が十分にかたくなるまで待って刈り込み、畑の脇に積んでおくと、草を使った土づくりと同様のやり方で活用できます。

ただ、この方法であれば、わざわざ畑を使って緑肥作物を育てる意味はあまりありません。畑の周囲でも、セイタカアワダチソウやススキといったかたい茎の雑草があります。ムギ類やソルゴーをわざわざ栽培するなら、タダで手に入る雑草を使うのが得策です。山道の側溝が落葉で埋まっていることもありますし、許可を得て、公園などの剪定枝をもらったり、耕作放棄地から雑草やタケを刈って集めると所有者から喜ばれるかもしれませんよ。

土づくりに利用できる有機物は身の回りにもたくさんあります。そのつもりで周囲を見渡してみるといいですよ。

Q

糸状菌の食べものとして稲わらや麦わらは使えますか？

A

稲わらは不向き、麦わらは一工夫必要です

稲わらは糸状菌以外の菌が先に食べ始め、溶けたようになることが多いです。とくに慣行栽培の稲はミミズやモグラを呼びやすく、（つまり腐敗しやすいので）糸状菌の食べものとしては不向きです。

麦わらは糸状菌の食べものに使えますが、人が栽培したものですから、自然の中で生きているススキやタケ・木などと違ってミネラルが少ないです。なので麦わらを菌ちゃんの食べものに使う場合は、自然物も十分のせて、その土に麦わらをのせるようにしてください。どうしても麦わらをたくさん使いたい場合は、先に土にミネラル資材を混ぜておけばいいかもしれません。

第3章 生ごみや太陽を生かした土づくり

よい土をつくるコツは、菌の力を借りながら、土の中で有機物をいかに上手に発酵させるかにあります。これって、漬け物づくりとそっくり。収穫後の野菜の残りかすや台所から出る生ごみは事前に発酵させてリサイクル。安心して土づくりに使えます。

台所から土づくり

①生ごみを漬け物にする

雑草や枯れ枝を使った土づくりとの違い

❶働く菌の種類が違う

❷1〜2か月で作付けOK

❸追肥としても使える

菌ちゃんふぁーむでは、収穫した野菜の調製時に出る大量の残渣を、200Lの大型ポリタンクで漬け物にし、畑に鋤き込んでいる

身近な有機物というと、まず最初に〝生ごみ〟を思い浮かべる人も多いでしょう。台所で調理後に出る野菜くずや食べ残し、収穫後の畑に残る野菜の茎や葉などの〝生ごみ〟も、土づくりに使えるのでしょうか。

生ごみは、これまで紹介してきた刈り草や籾殻、剪定枝と比べると、窒素分がはるかに多く、炭素分が少ないのが特徴です。そのまま土の中に鋤き込むと、豊富な養分によって、細菌類が急激に繁殖して、腐敗が起こります。その結果、有害なガスや分解物が発生し、これから植えつける野菜の生育を妨げます。

そこで、畑の外で発酵を進めてから、土の中に

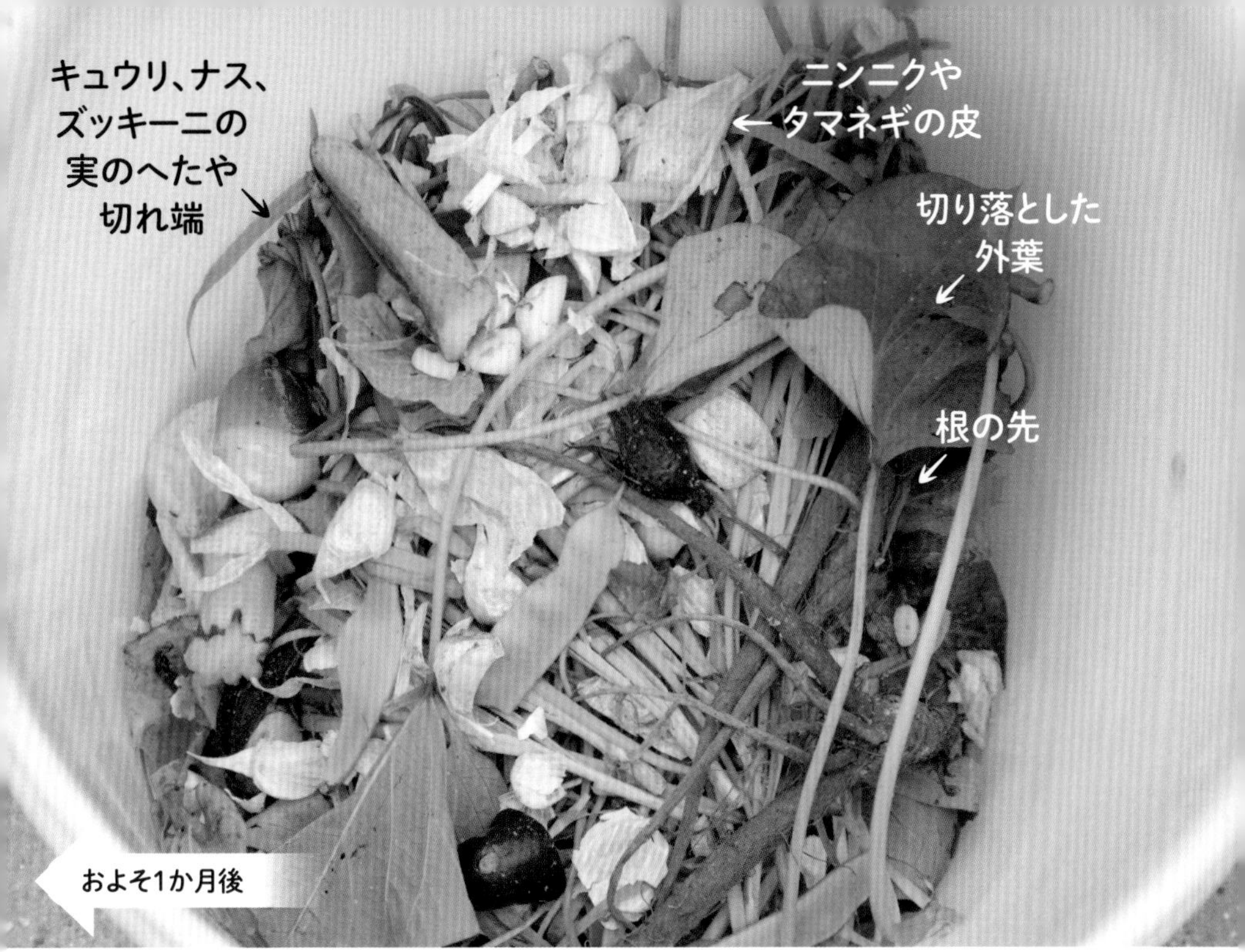

鋤き込みます。ただし、おもに働く菌は糸状菌ではなく、漬け物づくりでも活躍する乳酸菌や酵母菌です。乳酸菌や酵母菌が繁殖していると、ほかの雑菌はふえるのがむずかしいため、土の中でも腐敗が起こらず、野菜の栽培に害をもたらすおそれがありません。

密封することで発酵を進める

生ごみを漬け物にするのに必要なのは、密封のできる容器（ホームセンターで売っているシール容器）や重しなどです。生ごみは放っておくと、すぐに雑菌が繁殖するので、できるだけ新鮮なうちに密封容器に入れて、入れた生ごみの１割程度の米ぬかと重量で１〜２％程度の塩を加えて混ぜ、すぐにふたをします。夏場は腐敗しやすいので、塩は生ごみの重さの３％まで増やします。米ぬかも事前に発酵させたもの（ＥＭボカシなど）を

およそ1か月後

使うとよりよい漬け物になります。

本来の漬け物づくりと同じです。最初のうちは生ごみの量が少なく、隙間も多いので、たがいに密着させるため、押しぶたをします。

生ごみが出るたびに、容器の中に追加し、必要量の米ぬかと塩を加えて混ぜます。容器のサイズは、大きすぎると雑菌が繁殖しやすいため、約1週間でいっぱいになるくらいのものがよいでしょう。容器がいっぱいになったら、しっかりと密封し、土間など、日陰で温度変化の少ない場所に置いておきます。

仕込みを終えた容器の中では、生ごみの発酵が進み、およそ1か月で漬け物が完成します。ただし、漬け込む時期の気温によって発酵の進みぐあいは変わります。暖かい季節なら1か月で十分ですが、冬は発酵が進みにくく、もっと時間がかかる場合があります。仕込んでから1か月たった時点で、中の様子を確認してください。

ふたを開けてみると、いかにも漬け物の酸っぱい香りがします。人が食べられるような、よい菌ちゃんでいっぱいになっているので、土に入れても腐敗せず、悪さをしません。

生ごみ漬けのつくり方

入れた生ごみの1割程度の米ぬかと、重量の1～2%程度の塩を加え、よくかき混ぜる。

押しぶた（写真は逆さにした皿）に重石をのせて漬ける。押しぶたがあると、素材から水分がしみ出しやすく、嫌気状態になりやすい。

容器はかならず密封する。発生したガスの圧力でふたが持ち上がるのを防ぐため、重石をのせ、直射日光の当たらない所で1か月ほど保管する。

できあがった漬け物は、まるでザワークラウトのような酸っぱい香り。食べられるほどよく発酵していれば、土の中で腐敗することはない。（※）

※万一があってはいけませんので、食べて確認することはしないでください。

台所から土づくり

② 漬け物を畑に鋤き込む

→できあがった生ごみ漬け物を畑の土の上に広げる。目安として、1㎡当たり10kgを施すとよい。
↓均等に広げる作業には三本鍬やレーキが使いやすい。

すでに紹介した糸状菌による土づくりでは、有機物を空気に触れさせるため、畝の上にのせましたが、生ごみ漬け物の場合は、畝の土に深めに鋤き込んで、全体に混ぜます。漬け物の乳酸菌や酵母菌による発酵には酸素がゆっくり供給されればよいからです。

鋤き込んだら、平畝か高さ20㎝程度までの畝で立て、黒マルチを張って、1か月程度待ちます。このあいだに、生ごみの豊富な養分（窒素分）が少しずつ分解して、植物に吸収されやすいかたちになります。土の中で発酵が進み、炭酸ガスが発生して、土がふかふかになります。パン生地が酵母菌の発酵で膨らむのに似ています。

土に鋤き込み、深くまで混ぜてから畝を立てる。乳酸菌も酵母菌も、土の中の酸素が少ない環境でもよく増殖する。

平畝か高さ20㎝程度までの畝を立てる。黒マルチは裾の部分を土に埋め込んで、発酵によって発生する炭酸ガスを逃がさないように密封する。

台所から土づくり

③ 漬け物から出る炭酸ガスで土がふかふかに

マルチの下は
炭酸ガス(二酸化炭素)が充満

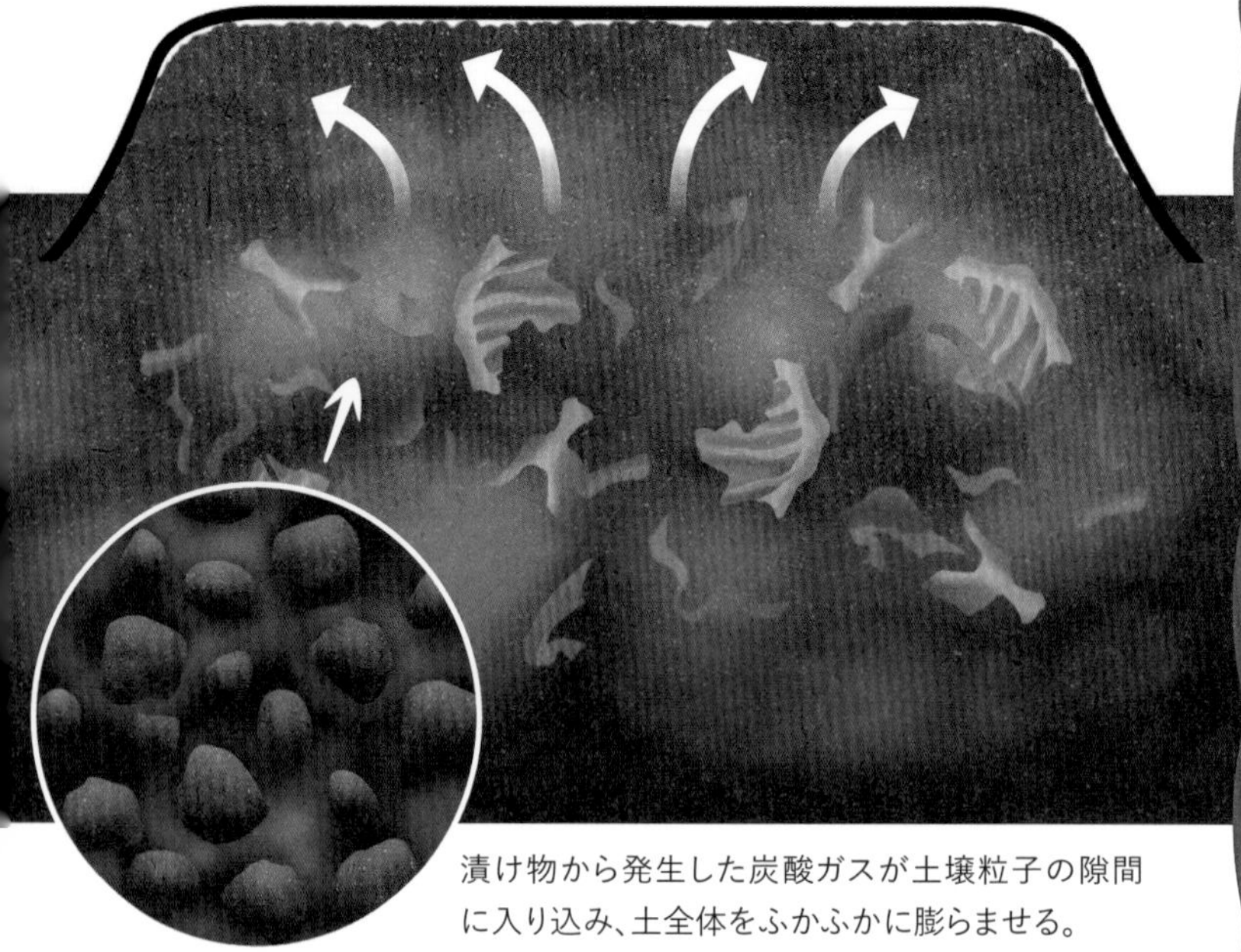

漬け物から発生した炭酸ガスが土壌粒子の隙間に入り込み、土全体をふかふかに膨らませる。

土に鋤き込んでから1か月たったら、苗の植えつけ、種まきが行えます。糸状菌による土づくりと異なり、黒マルチは必要に応じて剥がしてもよいので(※)、マルチに穴を開ければコマツナやホウレンソウなどの条まきをする野菜も育てられます。生ごみ漬け物は分解が終わると肥料の効果はしだいになくなりますが、これらの葉物野菜は、栽培期間が短いので、そのまま収穫まで育てられます。

長期の栽培を行う場合は、必要に応じて、随時、追肥として生ごみ漬け物を次頁のように畝にのせます。次作に移るときには、改めて生ごみ漬け物を使って土づくりを行います。

※ただし栽培期間に梅雨期が入る場合、養分が流れやすいのでマルチは張ったままにします。

速く効くから追肥にも使える

生ごみ漬け物を夏の果菜類の追肥としても使用。写真は、スイカの株元近くに施した例。
❶敷きわらをどけて、土の上に両手1杯分の生ごみ漬け物をのせる。
❷漬け物の上に土をかぶせる。
❸敷きわらを元のようにかぶせる。ポリマルチを使用している場合は、マルチをめくってその下の土に施す。

1か月後 穴あけ器でマルチに穴をあけて、植えつけ・種まきを行う。

お日様のエネルギーで土づくり

太陽熱養生法

太陽熱養生法とは、太陽のエネルギーを借りて土づくりをしながら、同時に草が生えなくなるようにする一石二鳥の方法です。

同じように透明マルチを使って行う「太陽熱消毒」と似ていますが、目的が違います。太陽熱消毒は、湿らせた土を蒸し焼き状態にし、病気の原因となる菌を死滅させるもの。太陽熱養生法は、逆に有用菌を比較的高温で活性化させて、発酵型の土づくりをする方法です。

一つ目のポイントは、菌ちゃんの餌になる有機物を土の中にあらかじめ含ませておくこと。緑肥を育てるか、外部から草を持ち込んで、浅く数回耕しておきます。

二つ目のポイントは、畝の表面に凹凸がないようにして、透明マルチでしっかりと覆うこと。真夏の太陽で表面近くの土は高温になり、その部分の雑草の種は死んで発芽しなくなります。高温となる場所では菌もある程度死んでしまいますが、数cm下に行くと、ほとんどの菌は生き残ります。むしろ温度を上げて、菌を活性化させて有機物の分解を促進します。すると、急激に二酸化炭素が発生し、土が膨らんでふかふかになります。人が手間をあまりかけなくても、菌がどんどん地中深くまで土づくりをしてくれます。

高温期のほうが効果が高いので、わたしの場合、冬野菜をとり終わったらすぐにエンバクやライ麦を育て、6月に鋤き込み、7月に取り掛かります。あらかじめ次作に必要な元肥などを施したら、太陽熱養生法で仕上げましょう。地中深くの雑草を表に出さないためにも、養生したあとは土を耕さないでスタートします。収穫までふかふかの土で栽培できます。

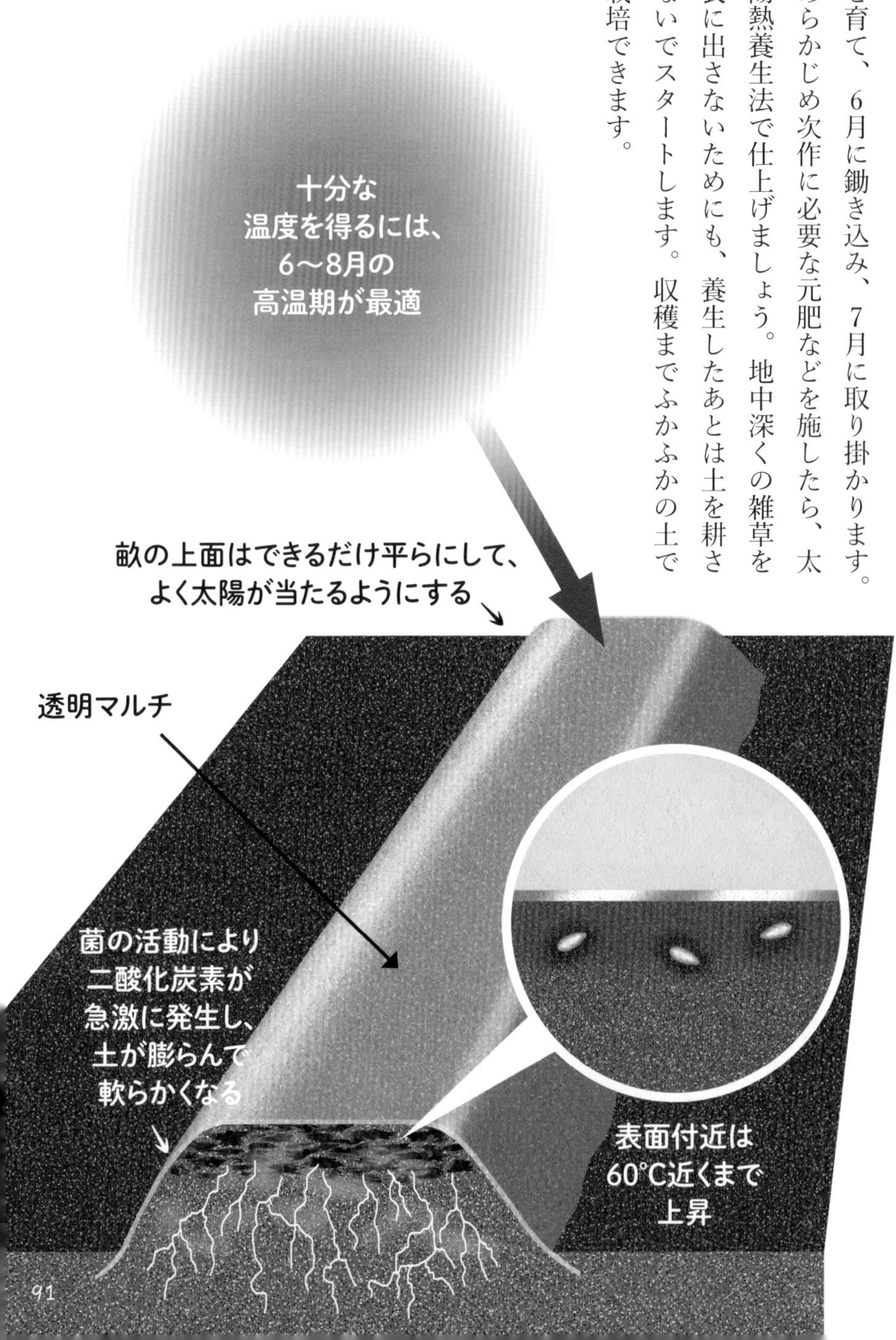

太陽熱養生法のプロセス

育てた緑肥作物、あるいは外部から持ち込んだ草を、草の形がほぼわからなくなるまで浅く数回耕す。

野菜の生育に必要なボカシ肥と、二酸化炭素発生をさらにふやすための米ぬかボカシをふる(※)。

※ボカシ肥は市販のもの、米ぬかボカシは自分で作ったものを使っています。米ぬかボカシは、米ぬかに糖蜜とEM1号を混ぜ、嫌気発酵させて作ります

できるだけ深く耕したら、畝をつくる。土は乾き気味ではなく十分湿っているときに行うのがコツ。畝幅は透明マルチ（95㎝幅）に合わせて。ここでは幅70㎝程度とした。

レーキなどを使って、土の塊をほぐし、表面をよくならしておく。

鍬の背の部分を使って土を押さえつけ、表面の凹凸をなくす。表面がいびつだとマルチがしっかり密着せず、効果が上がりにくい。

できあがった畝に透明マルチを掛ける。周囲に土をかぶせ、畝全体を密封する。発生する二酸化炭素の力でふかふかの土をつくる。そのためマルチで完全に覆うことがたいせつ。

マルチを固定し終わったら、そのまま放置。3 ～ 4 週間もすると秋の栽培が始められる。マルチを切り開くか、取りのぞいて植えつける。

草取りの苦労から解放されました！

わたしが無農薬で野菜の栽培を始めたころ、いちばん苦労したのが草取りです。畑の面積を広げたのはいいが、来る日も来る日も草取りばかりで、もう嫌になるぐらい。この太陽熱養生法を導入してから、ずいぶん楽になりました。6～8月の最適時期からずれると効果が弱くなってくるので、その分放置する期間をふやしましょう。

Q タマネギの皮、びわの種、魚の骨、煮干しの出し殻なども投入してよいのですか?

A もちろんOKです!

これらはすごく栄養のあるところです。ごみ集積所に出したら永久に土に帰る機会がなくなり、もったいないですよ。分解されるのが遅く、1年くらい形が残る場合もありますが、気にせずに野菜を植えてください。

ただ、動物性たんぱく主体のものはすぐ腐って強烈な腐敗臭が出がち。ウジが発生しやすいので、新鮮なうちにビニール袋に入れ、ボカシもたっぷり入れて外から木づち(なければ金づち)でよくつぶし、やや乾き気味の土とよく混ぜ合わせると、腐敗臭が出ずに分解されていきます。

ここが知りたいQ&A

教えて、吉田さん!

Q 籾殻や米ぬかはどこで入手できますか?

A どちらもJAの施設や精米所で入手できる場合があります

籾殻はJAのカントリーエレベーターなどに問い合わせてみましょう。精米所では米ぬかが無料で入手できる場合もあります。

精米所以外では、農産物直売所等で米の生産農家に直接頼むと用意してくれると思います。購入する場合、米ぬか自体の相場は1袋約13~15kg入りで200~400円です。

Q 生ごみが足りないので、代わりに草を入れてもいいでしょうか?

A そのままでは窒素肥料分が不足します

草は、土の中の有用微生物をふやす効果は十分ありますが、生ごみに比べて窒素分がまったく足りません。草といっしょに市販のボカシ肥も加えてください。

なります。とくにプランターやコンポストなどのプラスチック製容器でそうなりやすいです。

❹生ごみがもともと腐っていたか、水分が多いなど腐りやすいものだった。あるいは大きいまま入れたため内部が腐った。

新鮮な生ごみ、またはボカシで乳酸発酵させた生ごみを入れてください。発酵させた生ごみは小さく切る必要はありませんが、新鮮な生ごみは1㎝以下の厚さに切るのが理想的。とくに夏のスイカの皮はそのまま入れると腐ってウジが湧きやすいです。

❺夏、発酵熱で土が高温になりすぎた。

およそ60℃を超えるようだと、過発酵になりやすく、アンモニアガスが発生してアメリカミズアブやハエが集まってきます。

▼プランターでウジ虫が湧いてしまったあとの対策

　できるだけ早急に土を加え、米ぬかをたっぷり加えて混ぜます。翌日には温度が上がります。その勢いで生ごみの分解がすめばハエは発生しません。その後このプランターにはもう生ごみは入れず、時々水分を補給して混ぜながら1か月以上かけて完熟させてください。

Q

プランターにウジ虫が発生しています。本来、こういうことはありえないのでしょうか?

A

有用微生物が活動できない原因が発生すると生ごみは腐敗し、アメリカミズアブやハエがきて、ウジが発生します

　下記から当てはまる原因を見つけてください。

❶プランターの土に生ごみを入れた時に、大雨で横なぐりの雨が入って土が過湿になり、その後の天気も悪いため過湿が続いた。

いったん濡れすぎると、空気も不足し、発酵から腐敗へ移行します。濡れすぎと気づいたら、すぐ米ぬかを多めに加えてよく混ぜます。翌日には温度が上がり、水分が飛んでいきます。または、晴れの日には土を広げて少し乾かします。

❷生ごみを一度に入れすぎた。生ごみの量が土の量に対して多い。

1回だけ生ごみを入れるとき、目安はプランターの場合、土の体積の2〜3割まで。畑の場合は10kg／1㎡です。

❸生ごみが分解途中なのに、定期的に全体を混ぜていない。

混ぜるのを怠ると、水滴がコーナー等にたまり、そこから腐敗してウジが湧きます。また、土の中も酸素不足に

Q 今の野菜や料理には、農薬や添加物が入ってます。そんなものを畑に入れたくないのですが……

A そんな生ごみも、菌ちゃんの力なら……

土や菌ちゃんを大切に考えている人だからこそ、大切な畑に、農薬や添加物のかかったものを入れたくないと思うのですね。それがいちばんに違いありません。ただ、その選択ですと、今まで通り生ごみはほかのごみといっしょに燃やされ、有毒物となってしまいます。それでは今までの世界と変わらないんです。

わたしは、あえてその生ごみも畑の菌ちゃんに引き受けてもらおうと考えました。微生物ってすごいんです。多様な微生物が入れ替わり立ち替わり現れ、最終的には分解してしまうんです。じっさい、農薬がかかっている普通の野菜を畑に入れているのに、土は菌ちゃんで発酵し、農薬の要らない元気な野菜ができるのですから。

多くの人が生ごみを活用したら、無農薬で虫にやられないおいしい野菜が育つことが知れわたり、そうすると、そんな野菜をつくる農家がふえ、近い将来、スーパーにも農薬がほとんど使われていない野菜がどんどんふえていくでしょう。

Q できあがった土を何か月もそのままにしておいても、大丈夫でしょうか? 土の状態はどうなりますか?

A ブルーシートをかけておけば問題ありません

黒マルチや光の通らないブルーシートで完全に覆っておけば、とくに問題なくいつからでも作付けできます。光が通ったり、雨がしみこむ状態だと、草や生ごみの中の種が芽を出し成長し始めます。そのまま何か月もほっておくとせっかくの肥料分が生え出した雑草の生長に使われてしまいます。また雨で栄養分が流されてしまいます。その場合は、そのまま生えた雑草を鋤き込んで、また発酵させた生ごみを入れ直してください。

第4章

菌の力を借りる植えつけのコツ

畝立てから数か月。さあ、いよいよ野菜の栽培のスタートです。高く土を盛り上げて黒マルチを張った菌ちゃん農法の畝。苗の植えつけや種まきを行うに当たって、気をつけたいポイントがあります。後作も見据えた年間の栽培プランも考えておきましょう。

有機物を避けて植える

48ページから紹介した畝立てから、早ければ2か月程度で植えつけができます(※)。糸状菌の働きは温度に左右されるため、低温期の12月～2月は土づくりは進みません。11月中旬に畝立てをした場合は12月～2月はカウントせず、11月と翌年3～4月で合計2か月と計算。4月中旬になったら、黒マルチの一部(植え穴にする場所)を破って、内部の状態を確認します。草や籾殻などの有機物の上や下、周囲の土などに白くて細い糸状菌がないか探してみてください。細い菌糸が少しでも見つかったら、菌糸が集まって、目に見えるほどの束になったということです。目に見えない細い菌糸もたくさん伸びているはずですから栽培を始められます。もし糸状菌が見つからなければ、かき分けた有機物を元の位置に戻し、さらに1か月程度待ちましょう。

これまでは重しを置くことでマルチ内の水分を保ってきました。ここからは重しを取り除き、適度な間隔でマルチに穴をあけます。そこから雨水がいくぶん入ることでマルチ内の水分が保たれます。

植えつけは有機物の下の穴底へ

苗を植えつけたり、種をまいたりするのは、有機物の上ではなく、有機物をかき分けた下に現れた土に行います。土づくりが進み、ふかふかになっているので、そのまま苗を植えつけると苗の根

※腐敗しやすい畑や微生物の少ない畑だともっと遅くなります。

づきが悪く、しおれたり、株が弱って虫を呼ぶ原因になったりします。植え穴の底の土を押しつぶすつもりで、拳でグイグイと押し固めておくのがコツ。土と苗をなじませるつもりで行います。基本的に植えつけ時以降の水やりは不要ですが、高温乾燥が長く続く場合は、野菜や土の状態を見て水を与えてかまいません。

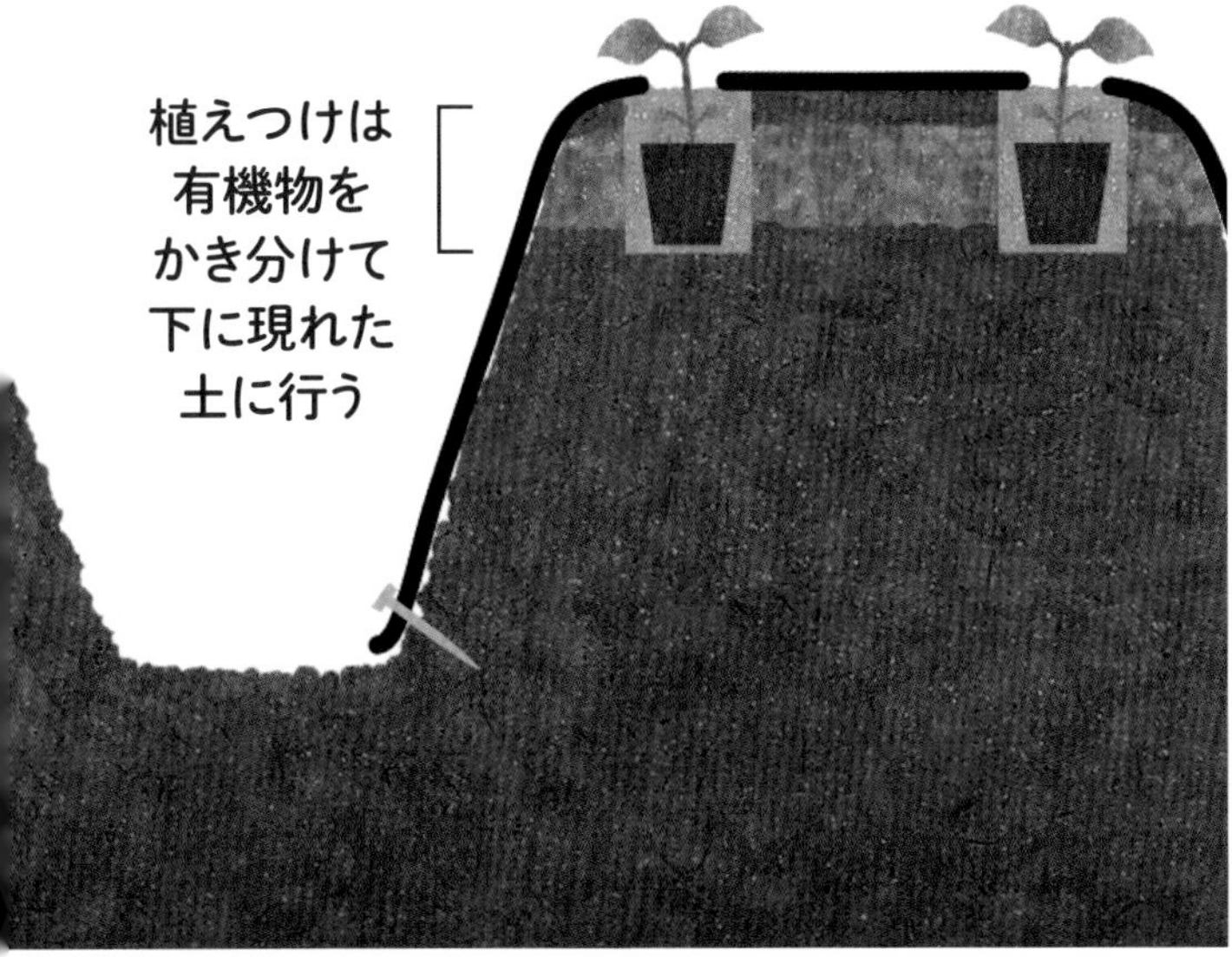

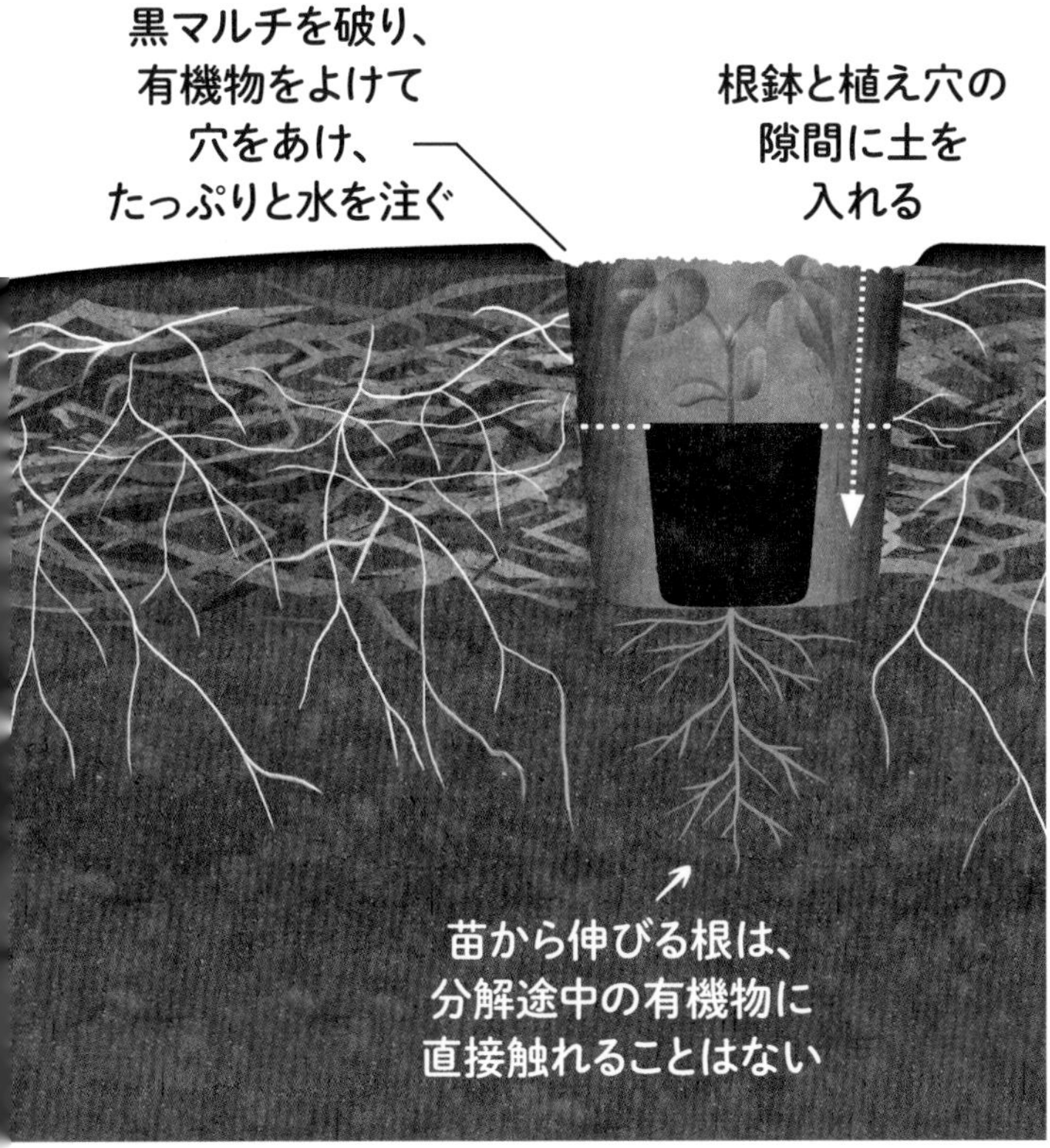

植えつけのプロセス

2か月以上前に硬い草や木などの有機物を仕込んで、土づくりした畝。重しを取り除き、マルチ押さえを挿しなおすことでゆるんだ黒マルチを張り、黒マルチ全体に、約20㎝間隔で直径10㎝の穴をあけていく。植える野菜の株間・条間に合う穴に野菜を植える。植えない穴は雨水の入口や熱気の出口の役割を担う。

黒マルチの下の有機物層を確認。有機物の表面や土と接するあたりに菌糸が見えれば、土づくりが成功しているしるし。

有機物層、ここでは雑草の束を押し分けて、その下の土を露出させる。

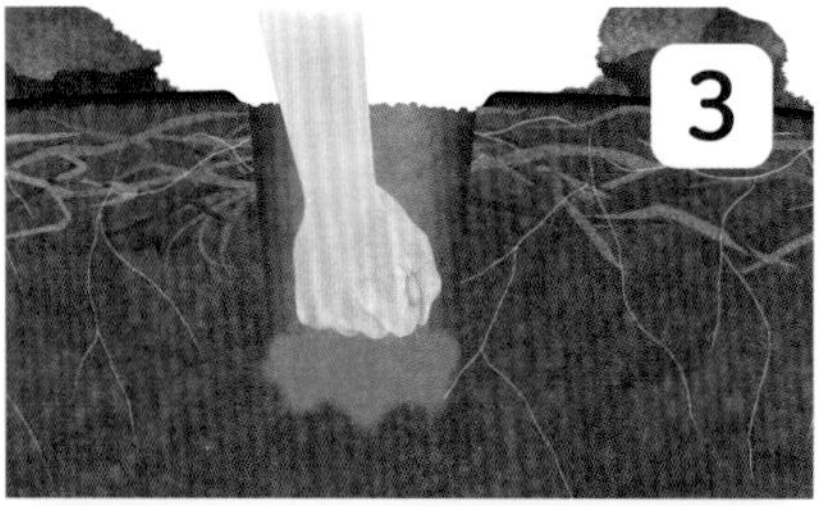

穴の底をこぶしで突き固めてから、じょうろで水を注ぎ入れる。底の土を固めることで、毛細管現象で下層から水が上がってきやすくなる。

種まきも有機物層をよけた穴底へ

種をまくときも穴底に。写真の種はダイコン。3粒をたがいに少し間隔をあけてぬれた土に押し込み、軽く水やりする。あとから周りの土が崩れてきて種が深く埋まりすぎることのないように、先にしっかり大きな穴をつくるのがコツ。この方法だと条まきができないが、コマツナもチンゲンサイも点まきでうまく育つ。各野菜の植え方は112ページ以降を参照。

ポリポットから取り出した苗を植え穴の底に置く。苗全体が穴に収まるかっこうになるが問題ない。根づくまで風や強い日ざしから守られ、初期生育がよくなる。

移植ごてで畝の周囲の土をとり、根鉢と植え穴の隙間に入れたあと、その土を手で押さえて、根鉢と土をよく密着させる。

最後に、改めてじょうろで水を与えておく。根鉢と畝の土をなじませるのが主な目的。以後、水やりは普通は行わない。

夏は穴から出る熱気に注意

気温が高い時期は、マルチ穴から高温の空気が立ち昇って、植えつけ間もない苗の葉を傷めることがある。これを防ぐために、苗が地上に顔を出したら、マルチの穴付近に土をのせ、空気の出口をふさぐとよい。

プランター&肥料袋での植えつけ

仕込みから最短2か月で植えつけOK！

↑マルチや袋を開け、有機物や土に糸状菌が付いていたら、野菜を植えてOK。

→有機物層をかき分けるようにして、植え穴・まき穴をあける。

プランター&肥料袋の場合、仕込みから2か月たったら、中の様子を確認してみましょう。有機物や周囲の土に白い菌糸が伸びていたら、苗の植えつけや種まきが行えます。まだ菌糸が見えない場合は、元に戻して、もう1か月待ちます。

植えつけの手順は、畑の場合と同じ。有機物の層をかき分けて、下の土に苗を植えつけるか、種をまきます。

日がよく当たり、雨が避けられる軒下などに置いて栽培します。そのため、植えつけ後も水やりが必要です。ただし、やりすぎは禁物です。まだ土の団粒構造が十分に発達していないので、土が水浸しになると、糸状菌が発達しません。頻繁に

穴の底をこぶしで突き固める。土の粒子を固めることで毛細管現象によって水分が集まりやすくなる。

じょうろで穴に水を注ぐ。水の量は少なめ。

苗を穴の底に置き、根鉢と穴の隙間に土を足す。土を押さえて、根鉢と密着させる。

じょうろで植え穴に水を与える。苗の根鉢と土をなじませるのが主な目的。水のやりすぎに注意する。

水を与えるのではなく、有機物の下の土がやや乾き始めたころに水やりをします。水をやってから5～10分たって、底から水が出てきたらＯＫ。出てこなかったら水量が少ないということです。

　このまま、元肥も追肥もなしでＯＫ。栽培の途中でも、有機物を土の上に補充していけば、次作以降も栽培できます。続けるほど、土の団粒構造ができていきます。

材料集めから収穫までの流れ

雑草や枯れ枝を使った土づくりのプラン

2月	1月	12月	11月

糸状菌が活躍

雑草や枯れ枝を使った土づくり

詳しい手順はP.48〜59

土づくりの材料が…

まだない ← **材料集め** 有機物を採集して、野ざらしにしておく

土づくりスタート!

すでにある ← 12月〜翌年2月は温度が低く、糸状菌の活動が鈍るので、土づくり期間にはカウントしない

低温期

雑草や枯れ枝、落葉、タケなどを使った土づくりは、まず、有機物を入手して、状態を確認します。すでに糸状菌が付いていれば、すぐに畝を立てて有機物をのせましょう。

その後、畝を寝かせ最短2か月で植えつけできます。ただし、冬の低温期は糸状菌があまり働かないのでカウントしません。温暖な地域では、3月中旬までに仕

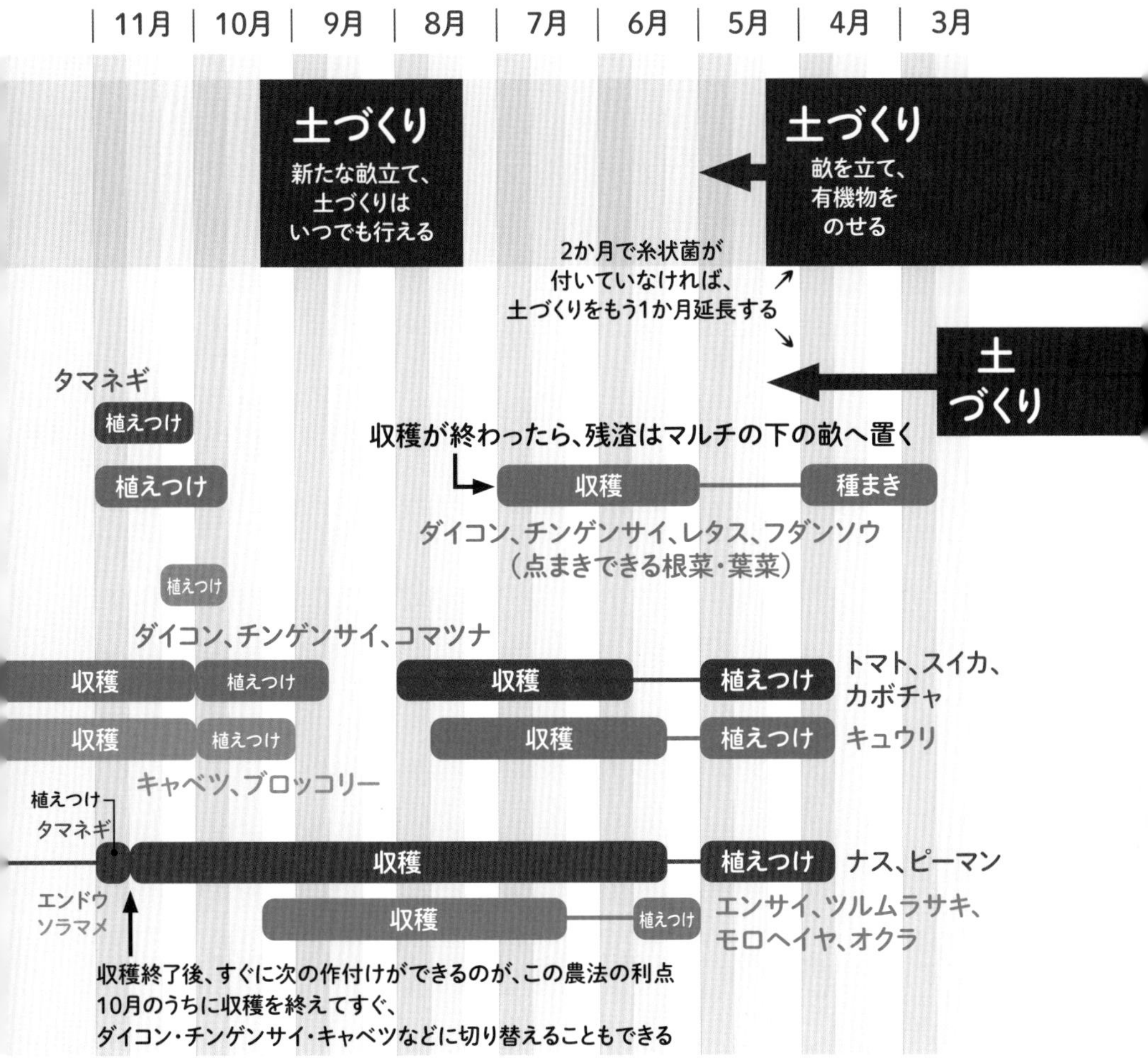

込んだ場合、順調にいけば5月中旬〜6月に夏野菜が植えられます。7月末までに仕込めば、9月彼岸以降に秋冬野菜が植えられます。10月末までに仕込めば、3月に秋冬野菜の春まきができます。

入手した有機物がまだ新しい状態であれば、畑のわきで野ざらしにするなどして、糸状菌が働きやすい状態にします。秋冬のあいだにその準備をしておき、3月になって畝立てと土づくりを開始すれば、トマトやナスなどの夏野菜の植えつけに間に合います。

材料集めから収穫までの流れ

生ごみ漬け物で行う土づくりのプラン

11月 | 12月 | 1月 | 2月

乳酸菌、酵母菌が活躍

生ごみ漬け物で行う土づくり

詳しい手順は
P.82～89

＼漬け物を仕込む／

漬け物づくり

収穫残渣などを
密封容器に
投入する

低温期

生ごみ漬け物も、
保管する場所の
気温が低いと、
発酵に
時間がかかる

生ごみ漬け物は、
畑の外で発酵を
進められるのが
メリット

台所から出る生ごみを使う場合は、漬け物を発酵させるのに1か月、畑に鋤き込んで寝かせて1か月、この最短2か月で栽培が始められます（土に鋤き込んだまま、植えつけ時期まで数か月寝かせてもOKです）。

冬に生ごみ漬け物を仕込んでおけば、3月上旬に土に入れて土づくりができ、4月上旬から野菜がつくれます。この時期は葉菜類、

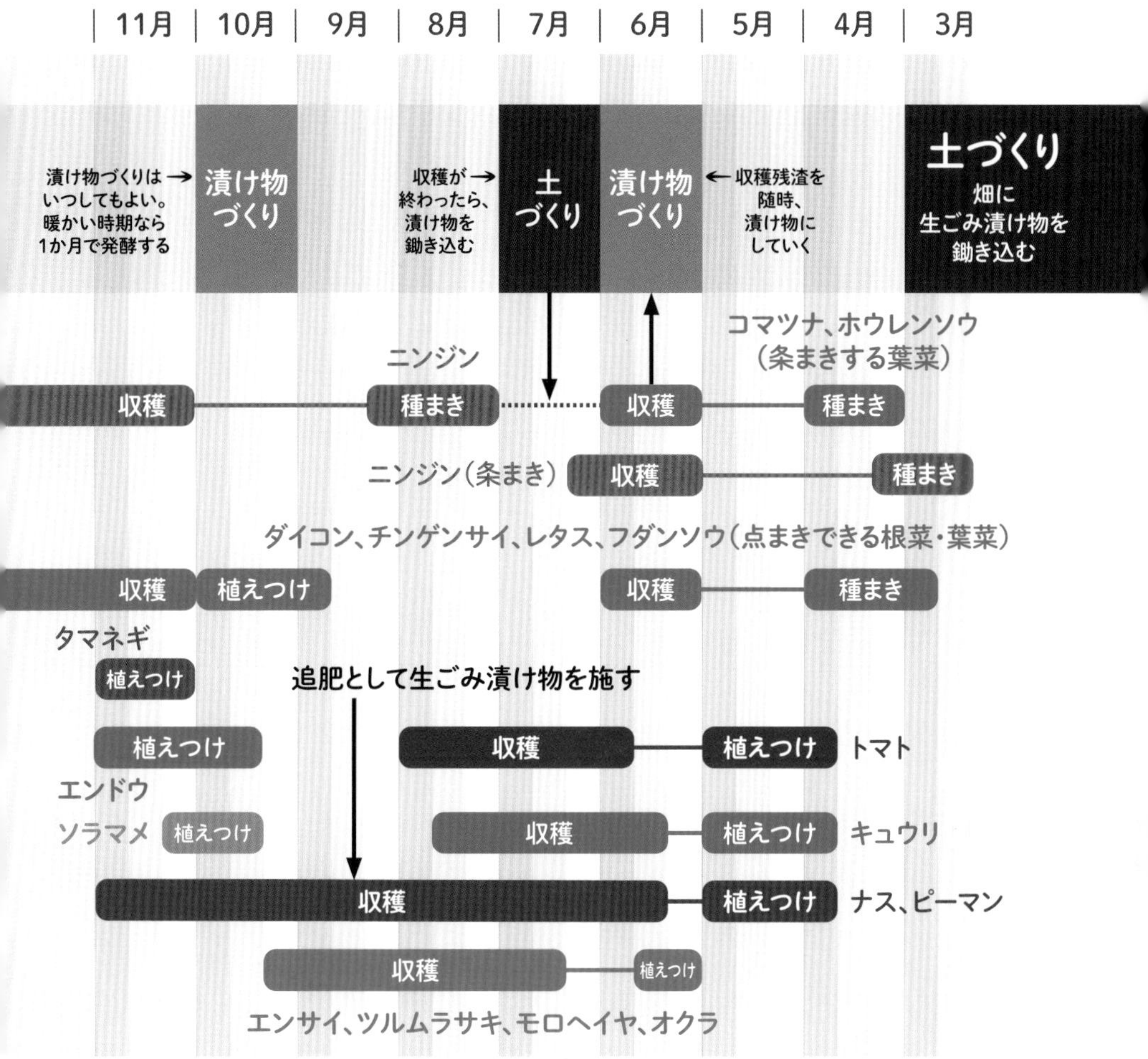

根菜類の種まきの適期。ダイコンやチンゲンサイ、レタスなど、点まきする野菜はもちろん、黒マルチを剥がして条まきすれば、コマツナ、ホウレンソウ、ニンジンも栽培できます。

なお、夏場、密封保管中に周囲が高温になりすぎるなら、1か月待たずに鋤き込みます。

生ごみ漬け物の場合は1作ごとに養分の供給が必要なため、毎回、土づくりを行います。収穫残渣や台所の野菜ごみを使ってどんどん漬け物をつくりましょう。

ここが知りたいQ&A

教えて、吉田さん!

Q

プランターが狭くて草をよけにくかったので、草と土を混ぜてから植えました。よかったでしょうか?

A

草の分解がある程度進んだ状態なら混ぜても構わないのですが……

未熟な分解途中の有機物に根が触れると根が障害を起こし虫や病気が付きやすくなります。また、混ぜて土の下層部に埋まった草は糸状菌ではない細菌類が食べやすくなり、早めに肥料切れ状態に。なのでできるだけ混ぜないで植えてください。土を掘るとき、余分な草は取り出すようにしましょう。

Q

苗を植えようとしましたが、糸状菌がまったく見当たりません。植えても大丈夫でしょうか?

A

糸状菌は最初の段階では細すぎて肉眼では見えません

土に菌の食べものをのせる段階で、すでに糸状菌が付いている(食べ始めている)ものも入れていたのでしたら、糸状菌は見えなくてもある程度伸びている可能性大ですので、植えてみてください。

そのときは、念のため液肥(液体肥料)をかけて、根が早く糸状菌につながるよう促しましょう。液肥は一時的な栄養補給なので、こだわりがなければ市販の化学肥料でもかまいません。

食べものの上にのせる土が薄すぎる
→全体に土をもう少しのせてください。
ケース2：
食べものがかたくて大きすぎる
→かたくて大きい食べものとその上にある土を混ぜることで、空間に土を入れ込みます。
ケース3：食べものとして籾殻だけを使った
→籾殻は比較的乾きやすいようです。籾殻とその上にある土を混ぜ込んで、さらに土を数㎝程度のせて、黒マルチをしてください。

いずれの場合も、1時間程度全体を雨に当ててから黒マルチすると、その後の糸状菌の成長が早くなります。また、細い糸状菌が土の中にある程度伸びている可能性が高いので、予定通り植えつけて、念のため液肥をかけてください。

❸重しの下は湿っているが、それ以外の場所の食べものが乾いていて、その下の土も乾き気味の場合
上記❷の対策をした上で、重しの間隔をもっと狭くしてください。植えつけは少し待ちます。

❶と❸では植えつけを待つように書いていますが、野菜には植えつけ適期があります。すぐ植えたほうがよい場合は、適期を尊重してください。ただし、その場合は1週間に1回程度の間隔で2〜3回、苗に液肥をかけて養分を補給してください。

Q マルチの下を覗いたら、餌（有機物）がカラカラに乾いていて糸状菌もほとんど伸びていないようです。どうしたらいいでしょうか？

A 餌が乾ききってしまった原因を考えてください

❶重しの下の菌ちゃんの餌も乾いている場合
重しが軽すぎです（土の重しの場合、雨で流れて軽くなった）。全体がかなり乾きすぎているので、雨天時に黒マルチを片側に剥いで、1時間程度雨に当て、餌全体を濡らしてから再度マルチを張り、重しを重くします。植えつけは少し待ってから行います。

❷重しの下は湿っているがそれ以外の場所の食べものが乾いており、その下の土はさほど乾いていない場合
ケース1：

Q 苗を植えつけたあと、しばらくは液体肥料を施してもよいとのことですが、無肥料ではダメなのでしょうか？

A 土づくりから1～2年目は液体肥料を施すとベター

土づくり1年目の畝では糸状菌が十分ふえていません。土づくりが不十分で、根につながる糸状菌も少ないので、野菜はなかなか育たない可能性があります。

とくに夏野菜の苗を植えたばかりの4月下旬～5月中旬はまだ地温も低く、糸状菌の動きもにぶいのが普通です。幼い苗はこの状態が続くと生命力が衰え、虫の被害に遭いやすくなります。春にじかまきをして発芽したばかりの苗も同じです。

そこで糸状菌が根とつながるまでの間、苗の生育を助ける意味で、植えつけ後まもなく、株元に液体肥料を1回施します（状態が悪ければ、さらに追加で1週間ごとに1～2回）。

土の中は窒素飢餓の状態にあり、余分な窒素分はすぐに菌ちゃんに吸収されてしまいます。一度、野菜がちゃんと生長して根を張ると、根からの栄養で糸状菌もふえ、さらに、土づくりが進みます。やがて、野菜が死ぬと根は菌ちゃんの餌に。空気も入りやすくなり、いっそう土づくりが進んでいきます。

土づくりをして、植えた苗の根に糸状菌がしっかりとつながるようになれば、もう液体肥料を施す必要はありません。

Q 黒マルチの交換は必要ですか。張り替えるなら、いつがよいのでしょうか？

A 1年半から2年が目安。春先に行おう

黒マルチは作付けごとに張り替えず、そのまま使い続けます。ただ、1～2年経過すると穴と穴のあいだがちぎれたりして、次第に破れが広がっていきます。そうなると、雨で土の中がびしょびしょになるので交換します。

交換のタイミングは夏野菜の植えつけ時（梅雨時の過剰な雨の侵入を減らす）や、秋の遅くに植えつけるとき（地温を確保する）がおすすめです。交換時は、ついでに有機物を畝の上に足して通路の土を薄くのせましょう。

5～6年経過すると、土は団粒構造が発達して細かなつぶつぶ状になってきます。そうなったら、一部の黒マルチをはがし、有機物だけを土にのせてみてください。黒マルチをした部分と生育差がなければ、黒マルチは不要になったと考えてOKです。

第5章

元気野菜の魅力と育て方

菌ちゃん農法でとれた野菜を食べると、その味に驚くはず。野菜を育てれば、野菜を支える菌もふえて、さらに土づくりが進んで、ますますおいしい野菜がとれるようになります。野菜ごとに栽培のポイントや菌ちゃん農法におすすめの品種をお教えします。

暑いうちに始めない
栽培適期を守れば、無農薬でOK

キャベツ、ブロッコリー、カリフラワー

▼ここが魅力!

菌ちゃん農園のキャベツ畑を見た方は、その美しさに驚かれます。土づくりが進むと無農薬でここまでできるのかと感心されますが、実は栽培時期にも秘密があります。みなさん、植えつけ時期が早すぎです。暑くて苗が弱っているときに植えるから、虫がやってきて、農薬に頼る羽目になるのです。菌ちゃん農園では遅めの8月中旬に種まき。暑い時期は苗がバテやすく、虫もきやすいので、防虫ネットで保護します。苗の植えつけは9月の彼岸すぎから10月上旬（購入苗でも同様）。気温が下がって元気になり、虫たちが少なくなっているため、防虫ネットなしでも、まず被害に遭う心配はありません。年内には結球し、栄養価の高い、良質のキャベツが収穫できます。なお、植えつけ時期は地域差があるので、地元の種苗店に聞くのがいちばんです。結球が遅れても、年明けから春にはたいてい収穫できます。なお、ブロッコリー、カリフラワーも、キャベツと同じ方法で栽培できます。ブロッコリーには茎（わき芽）をとる品種があり、長く収穫ができます（スティックセニョールなど）。

●植えつけ（9月下旬～10月上旬※）

購入苗でOK。本葉5～6枚が適期。植え方は98ページと同じ。3条植えで株間40cm。

各野菜ごとに株間条間の目安を書きますが、前作の植えつけ時にたくさんあけた穴をそのまま活用しましょう。例えば、最初に20cmおきに穴をあけたとします。直径10cmの穴なら、穴の間の黒マルチの幅は20cmです。そこに株間50cmで植えたい場合は、すでにある穴に合わせ、株間は40cm、60cm、40cm……で植えていきます。株間30cmの場合は、20cm、40cm、20cm……で植えていくわけです。

●水やり、施肥

極端に乾くようなら、水やり。生育の状態を見て、必要なら黒マルチの下に枯れ草やほかの有機物を補う。

※気候区分は「暖地」「一般地」です。

●収穫（12月中旬〜）

結球の頭の部分を押さえてみて、かたくなっていたら収穫。ブロッコリー、カリフラワーは上の花蕾の塊が開かずかたいうちに。

ハクサイ、サントウサイ

植えつけは秋のお彼岸ごろ。早くても遅くても×

▼ここが魅力！

無農薬でまともなハクサイをつくるというのはじつは至難のワザです。一般的な栽培方法では大きく結球させようと肥料を多く施すため、虫がたくさんやってきます。とくにヨトウムシ（ヨトウガの幼虫）は葉の中に潜り込み、手で取り除くのは大変。そのため、慣行農法では、根から浸透させるタイプの農薬が広く使われています。しかし、土づくりが進むと、無農薬でも病害虫はほとんど来ません。しかも栄養価が高くなり、外葉まで余すところなく、安心して利用できます。ハクサイはキャベツ以上に栽培適期がたいせつです。種をまいて苗を育てるなら8月下旬に。育苗中は暑い時期なので防虫ネットは必要です。植えつけは9月のお彼岸ごろです。早いと虫の被害に遭い、遅れると結球する前に寒くなって生育を止めてしまいます。うまく結球しなかった株からは、春になると、花茎が伸びてきます（トウ立ち）。これは開花前に摘んでください。アブラナ科のトウのなかでもハクサイはもっともおいしいと思っています。

サントウサイは結球しないので、好みの大きさで収穫できます。漬け物にも向きます。

●植えつけ（9月下旬）

購入苗でＯＫ。本葉5〜6枚が適期。植え方は98ページと同じ。畝の両肩付近まで使って、3条植えで株間40cm。

●水やり、施肥

キャベツの場合と同じ（右ページ参照）。根づくまでの間、液体肥料を施してもよい。

●収穫（12月中旬〜）

結球の頭の部分を押さえてみて、かたくなっていたら収穫。サントウサイは早めの収穫もできる。

ミディが育てやすく、栄養分も多い

トマト、ミニトマト

▼ここが魅力！

菌ちゃん農法で栽培すると、きれいでとてもおいしい実がたくさんとれます。枯れ草やかき殻石灰で土づくりをするとカルシウム分がバランスよく含まれ、果実の下の部分が茶色く傷む「尻腐れ病」が起こりにくくなります。また、高畝でつくると、大雨による水分過剰で起こる「裂果」も少なく、甘くて味わいの深い実に育ちます。トマトは果実の皮の下に栄養素が多く、表面積の多いミニやミディ（中玉）のトマトが健康によいといえます。おすすめはミディです。大玉はそもそも数がとれず、虫害を防ぎながら、一つ一つを立派な実に仕上げるのが困難です。ミニは枝数を管理しないと茎葉が生い茂り、もの足りないような小さな実ばかりがたくさん付きます。その点、ミディは、管理の手間と収穫のバランスが抜群です。

◉植えつけ（4月下旬〜5月下旬）

1段めに花がついた苗を準備する。支柱は合掌形に立てる。植え方は98ページと同じ。花の向いたほうを通路に向けて植える。2条植えで、株間は40㎝。

◉水やり、施肥

トマトは乾燥に強く、水やりは不要。

◉芽かきと誘引

茎は支柱に麻ひもなどで随時、誘引。茎と葉の間から伸びる「わき芽」はかきとる。ミニトマトは生育旺盛で、茎を垂直に伸ばすとすぐに支柱の上端に達するため、周囲に別の支柱を立て、最初から茎を斜めに誘引し、らせん状にまきつけていく。勢いを抑制でき、実つきもよくなる。

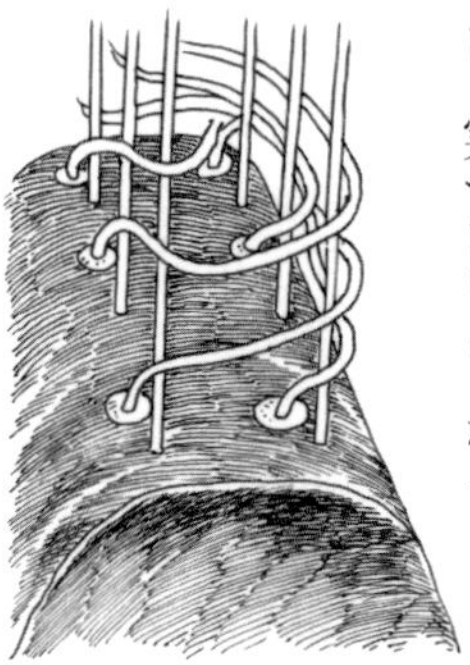

◉収穫（6月中旬〜）

赤く色づいたものから収穫する。

雑味なしで甘みはマシマシ
菌ちゃん農法なら貯蔵性もアップ

ジャガイモ、サトイモ、サツマイモ

▼ここが魅力！

　いずれも土づくり1年目から育てられます。土ができるほど、雑味がなく、甘くおいしくなります。また傷みにくくなり、長期保存しやすくなりますよ。ジャガイモ、サトイモは、黒マルチに直径20㎝程度の大きめの穴をあけて種イモを植えつけます。ジャガイモは芽が4～5本出るためです。サトイモは水を好むので、雨水が土に浸透しやすくするためと、最初に伸びた茎葉のあと、親イモの脇にできた子イモからも茎葉が伸びてくるためです。

　サツマイモは直径10㎝程度の穴をあけ、葉が4～5枚付いた短めの苗（さし穂）を垂直にさします。株元近くにイモがまとまってできます。長めの苗を斜めや横に寝かしてさすと、イモがあちこちにできて、黒マルチをやぶって、探しながら掘り上げるはめになります。サツマイモの収穫までの日数は１２０～１４０日ほど。垂直にさすとほかのさし方より早くイモが大きくなります。肥大しすぎると割れるので、あまり待ちすぎないようにしましょう。

●植えつけ

ジャガイモは3月中旬～下旬、サトイモは4月下旬～5月下旬、サツマイモは5月中旬～6月中旬が適期。株間はジャガイモ、サツマイモが30㎝、サトイモは50㎝。

●水やり、施肥

サトイモは土が乾くようなら水やり。必要なら黒マルチの下に枯れ草やほかの有機物を補う。

●収穫

ジャガイモは地上部が枯れてきたら。サトイモとサツマイモは初霜に当たる前に。

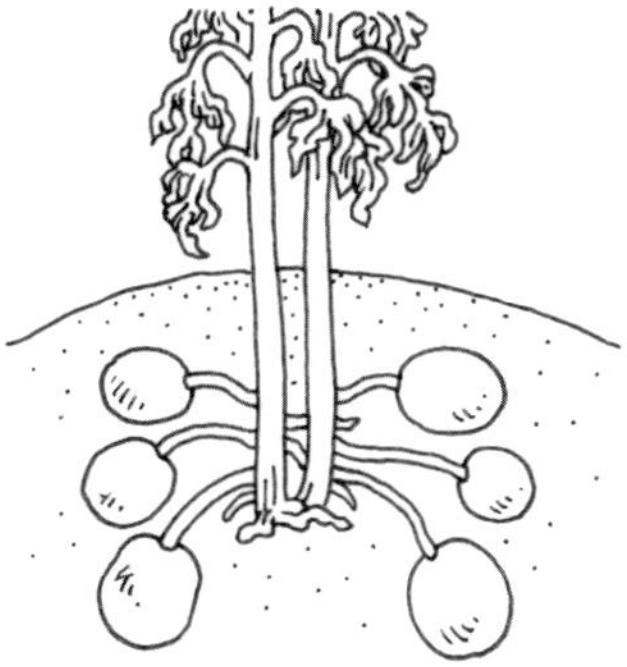

苦みがなくて甘い！栄養もたっぷり

ピーマン
（パプリカ、シシトウ、トウガラシ）

▼ここが魅力！

ピーマンは苦いから嫌いという子どもが大勢います。でも、菌ちゃん農法でとれたピーマンはほんのり甘くて、苦くありません。大人ならば、ヘタの部分や種まで、まるごと食べる人もいます。種は生長点なので栄養分がたっぷり。ピーマンとパプリカ、シシトウ、トウガラシは同じ仲間で、栽培法は基本的に同じです。カメムシは肥料過多の畑で発生しやすく、菌ちゃん農法で土づくりが進めば発生はかなり少なくなります。発生したら早めにとってください。放置するとピーマンが弱り、大発生につながります。注意したいのは細菌斑点病です。葉に褐色の病斑が出て、ひどくなると葉が落ちて、収量が下がります。大雨などのとき、畝の土が水浸しになり、根の役割をしていた糸状菌が弱ってしまうことが主な原因なので、畝のまわりの溝を深くし、水が畑の外に流れて、たまらないようにします。

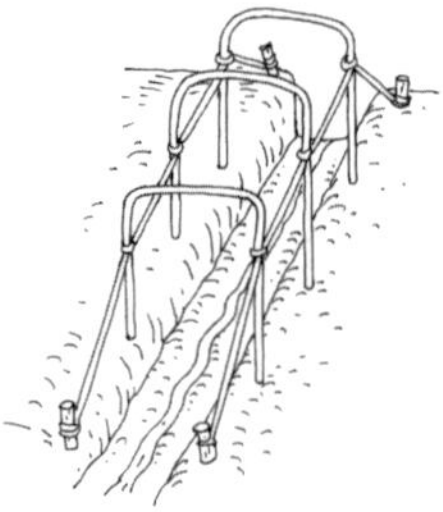

◉植えつけ（4月下旬～5月下旬）

若苗を準備。植え方は98ページと同じ。右図のようにU字支柱を立てて株を固定。一般に、高くてやわらかい土の畝に支柱を立てるには長い棒をささないといけないため、脚立と金づちが必要になる。しかしU字型支柱なら、手だけで頑丈に立てられる。2条植えで、株間は50㎝。

◉水やり、施肥

通常、水やりは不要。気温が十分に上がり根づくまでの間、液体肥料を施してもよい。

◉摘果、芽かき

最初の実は1㎝程度で摘果し、株の成長を促す。次第に葉が混み合うので、内側へ伸びるわき芽は摘んで、日当たりと風通しを改善する。取ったわき芽は栄養が豊富。和えものや炒めもの、天ぷらで食べるとよい。

◉収穫（6月上旬～11月下旬）

開花から収穫までは、ピーマン、シシトウが15〜20日、パプリカが50〜60日。トウガラシは品種による。

自根苗で育てると風味が高くミネラルが豊富になる

キュウリ、ニガウリ

▼ここが魅力！

調理のときに苦いからと、キュウリの頭の部分（つけ根側）を切って捨ててしまいがち。でも、最近の品種は菌ちゃんの土づくりが進むと、ほとんど苦みを感じなくなります。育てやすいのは、根が病気に強く収量も多い「接ぎ木苗」ですが、接ぎ木していない「自根苗」を育ててみてください。キュウリ本来のおいしさが味わえるだけでなく、ミネラル分も多く、これぞ健康野菜です。キュウリの根はデリケートなので、植えつけ時には根に直接触れないようにします。植えつけしたらすぐ支柱に誘引し、風で株がぐらついて根が傷むのを防ぎます。また、根は広く浅く張るので、株間は広めにします。

同じウリ科のニガウリはもっと栄養素が多く、苦いといってもあとを引きません。暑さに強く、キュウリより遅めに植えられ、真夏にも収穫できます。

◉植えつけ（4月下旬〜5月下旬、ニガウリは6月上旬まで）

本葉3〜4枚が適期。植え方は98ページと同じ。合掌形か∩字形に支柱を立て、キュウリネットを張り、つるをからめておく。2条植えで、株間はキュウリ50㎝、ニガウリ1ｍ。

◉水やり、施肥

極端に乾くようなら、水やり。気温が十分に上がり根づくまでの間、液体肥料を施してもよい。

◉摘果、芽かき

5〜6節までは、本葉のつけ根から出るわき芽、花や実を摘んで、親づるの成長を優先。親づるは肩の高さまで伸びたら、いちばん上の芽を摘む（摘心）。わき芽が伸び、次々実がなる。

◉収穫（6月上旬〜11月中旬）

大きくなりすぎないうちに、早めに収穫する。

土づくり1年目からよく育ち、よく実る

カボチャ、ウリ

▼ここが魅力!

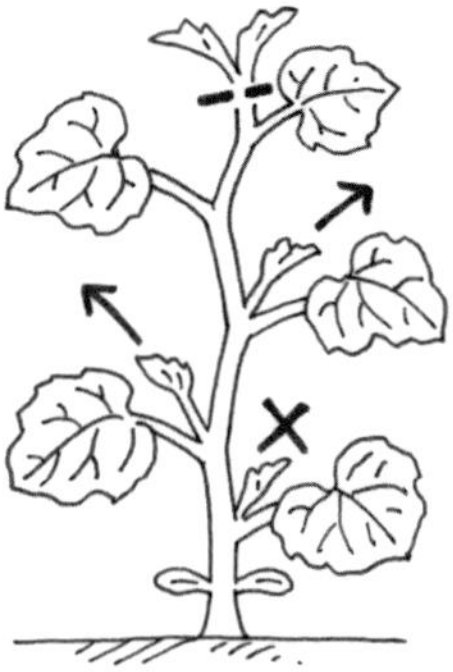

カボチャもウリも、生育に必要な肥料要求量は少なく、土づくりの1年目からよく育ち、よく実ります。根が浅く広く張るので、株間は十分広くとります。放任で育てられますが、5～6節で親づるの先端を切り(摘芯)、わき芽を2～3本残して、子づるを育てるのが基本です。ほかのわき芽は取り除きます。

◉植えつけ(4月下旬～5月上旬)

本葉3～4枚の苗を植えつける(98ページ参照)。1条植えで、株間は1m。

◉水やり、施肥

極端に乾くようなら、水やりする。夏野菜は植えつけ時の地温がまだ低いので、水やりを兼ねて液体肥料を1～2回かけてもよい。

◉芽かき

上記参照。

◉収穫(6月上旬～11月中旬)

西洋カボチャは果実のつけ根がコルク質になってきたら、収穫する。

昔の品種を育てよう。栄養分も豊富で風味あり

トウモロコシ

▼ここが魅力!

最近はスイートコーン一辺倒ですが、昔ながらのモチモチした品種がおもしろいですよ(ゴールデンバンタム、モチットコーンなど)。砂糖のように甘い品種は、光合成でできた糖分が低分子のままという証拠。なので虫たちにとって食べやすく、人にとっても高分子の抗酸化成分が少なくなっていると思われます。

◉種まき(4月中旬～5月下旬)

1か所3粒まき。2条植えで、株間は30cm。葉3枚程度で間引いて1本立ちに。

◉水やり、施肥

極端に乾くようなら、水やり。生育の状態を見て、黒マルチの下に枯れ草やほかの有機物を補う。

◉収穫（7月上旬〜8月下旬）

品種にもよるが、種まきから80〜90日ごろが収穫適期。受粉して実が付いたら、鳥獣害があるところでは、ネットを張り、防除。

超健康野菜。家庭菜園なら本来の風味が味わえる

ゴマ

▼ここが魅力!

無肥料の菌ちゃんの土づくりで、ぜひとも育ててほしい健康野菜の一つです。種まき時期を間違わなければ、栽培は簡単です。とれたゴマの風味は格別で、生のままでも、煎っても香り高く最高です。成分の半分程度は油分ですが、コレステロールを下げるリノール酸とオレイン酸が多く、またミネラルも抗酸化物質も豊富です。

◉種まき（5月中旬〜6月下旬）

1か所5粒まき。3〜4条植えで、株間20cm。草丈10〜15cmで間引いて1本立ちにする。

◉水やり、施肥

夏の暑さにも乾燥にも強く、水やりも施肥も基本的に不要。

◉収穫（9月上旬〜10月下旬）

下葉が枯れ始め、下の2〜3個のさやが裂けたら、株元から刈り取る。倒さずに持ち帰り、風通しのよい半日陰で追熟。約1週間後、広げたシートの上に逆さにかざし、棒で叩くなどしてさやの中のゴマを落とす。

土のよしあしがダイレクトに反映される

エンドウ、ソラマメ

▼ここが魅力！

どちらも秋まきで、種をまく時期を間違えなければ、よく育ちます。ただし、マメ科は根の中に住む根粒菌によって窒素分を固定できるので、糸状菌からの窒素供給のルートが育ちません。なので土づくり2年目以降に育てて連作は避けてください。土のよしあしが、どちらも味によく表れます。土ができてくると、甘み、うまみがどんどん増します。スナップエンドウは生でもおいしいですよ！　未熟果で収穫するマメ類はとりたてがいちばんといわれますが、土がよいとすぐには味が落ちなくなります。株自体も病気に強く、傷みにくいため、収穫期間も長くなります。逆に未熟な生ごみ堆肥などを施して土に腐廃物がふえると、とたんに味がまずく、株も弱ります。

ソラマメは春にさやがつき始めると、茎の先端にアブラムシがやってきます。ソラマメは子孫を残すため、さやに養分を集中させ、茎の先端には低分子の糖分しか回らなくなります。それをアブラムシが好むのです。予防のため、茎の先端は摘みます。その結果、さやの肥大に養分が使われます。

●種まき

エンドウは10月中旬～11月中旬に1か所3粒まき。本葉2枚で間引いて2本立ちに。ソラマメは10月下旬～11月中旬に2粒まき。間引きは不要。どちらも2条植えで、株間40㎝。

●水やり、施肥

基本的に不要。

●支柱立て

2月下旬～3月上旬に急速に成長を始める。風で倒れないように支柱を立ててネットを張りつるを誘引する。

●収穫

エンドウは4月下旬から。さやがふくらんできたら収穫。ソラマメは5月中旬から。さやが下を向いてきたら収穫する。

鍋ものでくたくたに煮ると最高

長ネギ
（下仁田ネギ）

▼ここが魅力！

菌ちゃん農法の黒マルチを張った畝で育てにくい野菜の一つが長ネギ（根深ネギ）です。一般的に長ネギは株元に何回も土寄せをしながら、軟白部分を長く太く成長させていきますが、黒マルチがあると土寄せできません。5～6年たって土ができ、黒マルチがいらなくなった畝があれば育てられます。それまでは軟白部分が短く、極太の「下仁田ネギ」がおすすめ。菌ちゃんいっぱいの土で育てると、冬の甘さや香り、トロトロ感は格別。鍋でくたくたにして、食べると最高です。葉の部分に入っている透明のゼリーには免疫力を高める作用があります。

●種まき（3月上旬～4月中旬）

畝の一角か育苗箱に、1cm間隔に種まき。条間株間ともに15～20cm。覆土は浅く6～8mmとする。

●植えつけ（6月上旬～8月上旬）

マルチに大きめの穴をあけ、有機物をよけて深めに掘った穴の底に苗を浅く植える。植え方は浅植えだが、深めに掘った穴の中は、温度も水分も安定した環境となっている。大きくなるにつれて、穴は土で埋めていく。購入苗でもOK。

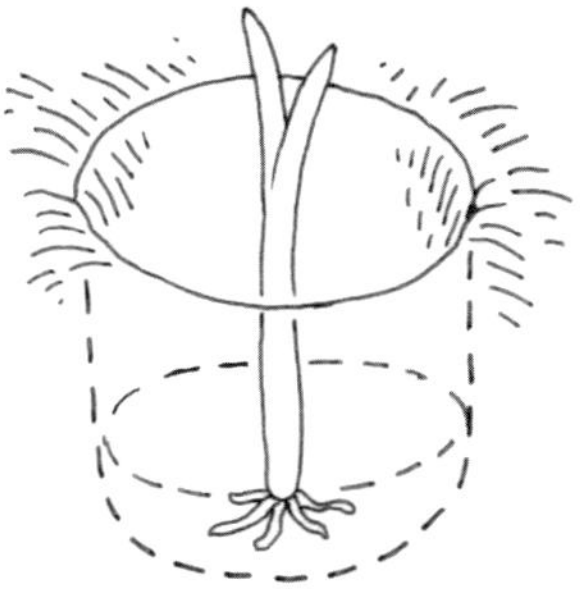

●水やり、土寄せ

極端に乾くようなら、水やり。1か月ごとに土寄せする。

●収穫（11月中旬～3月）

十分に軟白部分が太くなったら、ネギの株元をつかんで引き抜く。

栽培日数が短くて育てやすい
チンゲンサイ、コマツナ

▼ここが魅力!

栽培日数が短く、春や秋の栽培ではコマツナは40～50日、チンゲンサイは45～60日でとれるので、台所で重宝します。菌ちゃん農法で育てると生で食べてもえぐみはなく、後味はさわやか。栄養価も高くなります。

コマツナはとりどきを逃すと葉がかたくなります。チンゲンサイは遅れてもやわらかいままなので、必要なだけ少しずつ収穫できます。しかも、秋の遅く（10月中旬～11月上旬）にまいても、トウ立ちしにくく、収穫できます。

●種まき（3月中旬～4月下旬、9月中旬～11月上旬）

株間15㎝で黒マルチに穴をあけ、種を3粒ずつまく。株間・条間ともに20㎝。間引いて、本葉3～4枚までに1株に。

●水やり、施肥

基本的に不要。

●収穫

株ごと引き抜き、根を切り落とす。

寒さに強く冬の貴重な葉物野菜
ターツァイ

▼ここが魅力!

中国野菜で、秋冬の野菜です。畝の表面に葉が花のような形に広がって美しく、葉色は緑が濃く、ビタミンAが豊富で、食べると体を温める働きがあります。生長はのんびりで、チンゲンサイやコマツナよりも時間がかかりますが、葉はやわらかいま

まです。

冬の寒さに強く、年を越して葉物野菜が少なくなってからも重宝します。むしろ、しっかり寒さに当たることで甘み、うま味、栄養分が凝縮し、たいへんおいしくなります。

●種まき（9月中旬～10月上旬）

1か所3粒まき。株間、条間ともに45cm。間引いて本葉3～4枚までに1本に。

●水やり、施肥

基本的に不要。

●収穫（12月上旬～1月下旬）

1月下旬～2月上旬の強い寒さに当たると徐々に葉が傷んでくるので、それまでに収穫する。

生命力が凝縮した春のつぼみを食べる

かき菜

▼ここが魅力！

一般的なナバナから、宮内菜、のらぼう菜といった地方野菜まで、多くの種類があります。いずれも秋に種をまき、年内に一定程度育てると、根に養分を蓄えて、冬を越します。そして春になると子孫を残すため、花茎を伸ばし、養分を蕾や花に集中させます。それを開花前のやわらかいときに摘み取ります。栄養素はきわめて豊富で、ほんのりと苦いのはミネラルたっぷりの証拠。苦さが気になるなら、天ぷらがいけますよ。味がまろやかになります。

●種まき（9月中旬～10月上旬）

1か所3粒まき。株間は30～40cm。条間は40cm。間引いて葉3～4枚で1本立ちに。苗の植えつけからでも育てられる（10月中旬～11月上旬）。

●水やり、施肥

基本的に不要。

●収穫（2月下旬～5月上旬）

上記参照。低い位置からかき取ると、次に太いわき芽が伸びてよくとれる。

土づくり1年目から
どんどんとれる

レタス

▼ここが魅力！

窒素分をあまり必要とせず、土づくり1年目のやせた土でもよく育ちます。発芽で失敗しやすいので育苗します。秋は虫が少なくなる10月まきがおすすめです。9月にまく場合は残暑が厳しいので、種を湿らせて布に包み、15℃前後の涼しい場所に数日置いて発芽を促し、種をまきます。覆土は薄くし、種が隠れる程度です。ビタミンなどの抗酸化物質が多いのはリーフレタスまたは半結球タイプです。

●種まき（3月中旬～4月下旬、9月上旬～10月上旬）

上記参照。

●植えつけ（4月下旬～5月下旬、9月下旬～10月下旬）

本葉2～3枚が適期。購入苗でもOK。植え方は98ページと同じ。株間30㎝、条間40㎝。

●水やり、施肥

基本的に不要。

●収穫（5月中旬～6月中旬、10月中旬～11月下旬）

大きくなったら、株ごととる。外葉から数枚ずつかき取って利用してもよい。

土がよいといやな苦みがなく、
香りもさわやか

シュンギク

▼ここが魅力！

土のよしあしが味によく表れます。よい土で栽培したものはいやな苦みがなく、サラダで食べられ、香りもとてもさわやかです。土の状態が悪いと、苦くてにおいも悪く、シンクイムシなどの害虫がよく付きます。秋冬の栽培は葉がとても甘く、味もよくなりますが、寒さで葉が傷みやすいので、様子を見て、早めに収穫を終えましょう。

●種まき（3月中旬〜4月下旬、9月中旬〜10月上旬）

株間、条間とも20㎝で種を4〜5粒ずつまく。間引いて本葉3〜4枚までに1株に。

●水やり、施肥

基本的に不要。

●収穫（5月中旬〜6月中旬、10月中旬〜11月下旬）

草丈20㎝を超えたら、株ごと収穫してもよいが、葉を4〜5枚残して茎の先端を摘むと、わき芽が伸び、長く収穫できる。

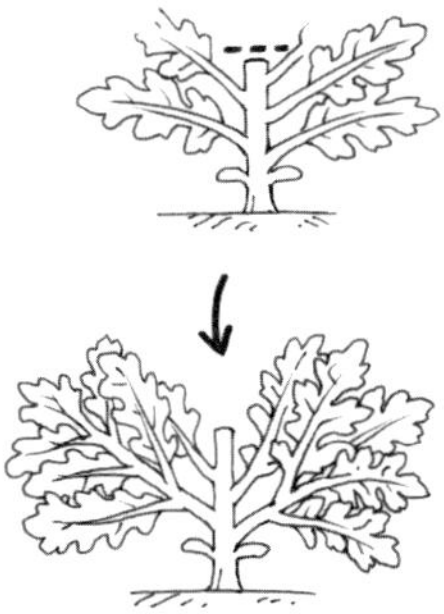

ミネラルをたっぷり施せば甘みあり、えぐみなし

ホウレンソウ

▼ここが魅力！

かき殻石灰を施した土でよく育ち、とれたホウレンソウはミネラルをたっぷり含んでいます。肥料過多の土ではえぐみが出やすい野菜ですが、菌ちゃん農法の土づくりなら、生でも食べられます。おすすめは『次郎丸』などの固定種を使った秋まき。冬の寒さに当たると、甘さも栄養分も凝縮して、葉から根のつけ根まで驚くほどのおいしさです。春まきはトウ立ちしにくい品種を選びます。

●種まき（3月中旬〜4月下旬、9月中旬〜10月下旬）

固定種は生長が遅いので10月上旬までにまく。種を一晩、水につけておくと発芽しやすい。株間、条間とも20㎝で種を3粒ずつまく。間引いて本葉3〜4枚までに1株に。

●水やり、施肥

基本的に不要。

●収穫（5月下旬〜6月中旬、10月下旬〜1月下旬）

冬の寒さに当たると葉が厚くなるが、とても甘くなる。少し黄色味がかった外葉はとてもおいしい。

ホウレンソウより
つくりやすく、栄養価は上

フダンソウ

▼ここが魅力！

ホウレンソウと同じヒユ科で、かき殻石灰を施して土づくりをするとよく育ちます。病気や虫に強く、ホウレンソウよりもカルシウムや鉄分が豊富です。生命力が強く、「不断草」と書くように、暑さに強く、種まき期間が長いため、葉物野菜が少なくなる夏にもとれます。ずっと収穫できるので重宝します。秋まきは下葉を残して収穫すると年内、もしくは春に再度収穫できます。

●種まき（3月中旬〜5月上旬、9月上旬〜10月中旬）

フダンソウは発芽がバラバラになりやすいので、種まき前に半日ほど水につけておく。さらに種をまいて土をかけたら手で押さえる。こうすればどの種も一様に吸水するので発芽がそろいやすい。

●水やり、施肥

基本的に不要。

●収穫

上記参照。

夏バテ対策に。株元で
刈り込んで4回収穫

クウシンサイ

▼ここが魅力！

夏が暑いほど元気で、無農薬でも簡単に育ちます。強烈な日光に耐えるために、抗酸化成分が非常に多く、前日が晴天日の翌朝収穫したものはとくに多くなります。菌ちゃんふぁーむのスタッフもよく食べていて、おすすめは、青汁スムージー。ミキサーにクウシンサイと豆乳と黒砂糖と氷を入れて混ぜます。腸内細菌の発酵力がとても強くなり、便が浮くこともあります。夏バテ対策はこれに限ります！

●種まき（5月上旬〜7月中旬）

株間30cmで黒マルチに穴をあけ、種を少し離して4粒ずつまく。条間は40cm。間引かずに密集したまま育てる。

●水やり、施肥

過湿にも乾燥にも強い。極端に乾くようなら、水やり。

●収穫

草丈25cmを超えたら、株元5cmを残して収穫。また伸びたら株元に1芽程度残して収穫。合計4回は収穫できる。早めにとるとやわらかい。

家庭菜園ならではの
ネバネバ健康野菜

ツルムラサキ、モロヘイヤ、オカノリ

▼ここが魅力!

種類は異なりますが、いずれもネバネバ野菜で、カロテンや各種のビタミン、ミネラルを多く含む健康野菜です。市販品は少ないものの栽培は簡単で、育つと食べきれないぐらい収穫できます。湯がいたあと、刻むとネバネバ感が増します。注意点としては、モロヘイヤは種やさやに毒があるため、食べないこと。葉と先端のやわらかい茎を食べます。

ツルムラサキは葉や茎に加えて、蕾や花まで食べられます。オカノリはやわらかい葉と茎を利用します。ツルムラサキとモロヘイヤは暑さに強く、夏から秋まで収穫。オカノリは暑さにも寒さにも強いため、春まきよりも秋9月まきがおすすめ。年内に1回収穫したあと土をかけるなどして越冬すると、早春の野菜の少ない時期に大きく育ってくれます。

●種まき、植えつけ

種まきの適期は、オカノリが4月上旬~9月下旬、ツルムラサキ、モロヘイヤが5月上旬~6月中旬。オカノリ、ツルムラサキは1か所に3粒まきで間引く。株間は30cm以上。モロヘイヤは発芽率が悪いので、ポットなどで育苗。本葉3~4枚で植えつけ。株間は40cm以上とる。

●水やり、施肥

基本的に不要。

●収穫

上記参照。モロヘイヤは早めに摘芯してわき芽をふやし、まめに収穫して、草丈を抑える。

やわらかくてみずみずしく、早どりはフルーツのよう

カブ

▼ここが魅力！

栽培日数が短く、成長が早いので、こまめな作業が必要です。間引きも早めに、収穫も早めにすると、やわらかくてみずみずしく、フルーツのような実がとれます。生でかじると味の差は歴然です。間引きが遅れると大きく育たず、とり遅れるとすぐにかたくなります。寒さに弱いので、とり遅れに要注意。長くとるには、数回に分けて種をまきましょう。

●種まき（3月下旬〜4月下旬、9月下旬〜10月上旬）

株間・条間ともに20cmで、種は互いに離して4〜5粒まく。

●間引き

双葉が開いたら1回目、本葉1〜2枚で2回目、本葉3〜4枚の3回目で1株に。間引きが遅れると大きくなれない。

●水やり、施肥

基本的に不要。

●収穫（5月下旬〜6月下旬、10月下旬〜11月下旬）

直径4〜5cmになったら収穫。

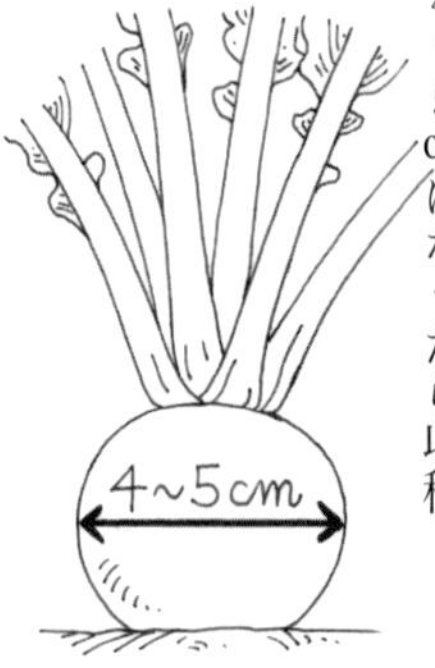

土がよくなるほど、まっすぐで肌がきれいになる

ダイコン

▼ここが魅力！

土がよいと肌もきれいで、上部は生でかじりたくなるほどの味ですよ。ただし未熟な有機物が土に残っていると、又根が発生しやすくなります。冬から春に土づくりを行った場所であれば、秋まきで問題なく育てられます。

品種が青首系のものなら、葉もやわらかくておいしいですよ。栄養豊富でビタミンCは根の4倍。

●種まき（9月中旬〜10月中旬）

株間・条間ともに30cmで種は互いに

離して4～5粒まく。青首系は9月中に。

●間引き

双葉が開いたら1回目、本葉2～3枚で2回目、本葉5～6枚の3回目で1株に。

●水やり、施肥

基本的に不要。

●収穫（11月中旬～1月中旬）

年を越して、さらに遅く収穫したい場合は真上から見て、葉の中心部にある成長点をえぐり取る。

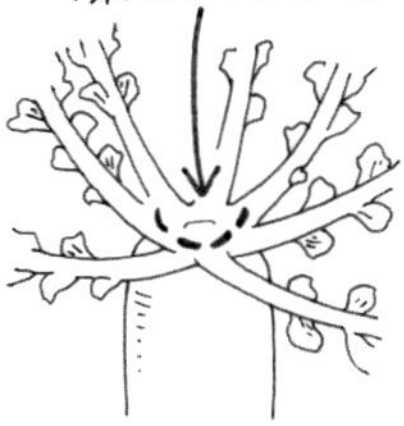

子どもだからこそ、この味の違いがわかる

ニンジン

▼ここが魅力！

ニンジン嫌いの子どもでも、菌ちゃん農法で育てたニンジンならよく食べる例が続出！　味蕾細胞が発達した子どもには味の違いがすぐわかるのでしょう。おすすめは『黒田五寸ニンジン』。長崎県大村市で生まれた固定種で育てやすく、味が抜群です。

●種まき（8月上旬～9月上旬）

ニンジンは発芽が最大の難関。黒マルチに直径20㎝ほどの大きな穴をあけ、菌ちゃんの餌をよけてグーパンチで土を固めたら、円を描くように1㎝間隔で種をまく。土で浅く覆い、さらに籾殻で薄く覆ったら、1週間だけ1日1回水やりをする。穴の間隔は20㎝とする。

●間引き

本葉1～2枚で株間3㎝、本葉3～4枚で6㎝、本葉5～6枚で12㎝に。1穴で3本程度の収穫をめざす。

●水やり、施肥

発芽後は極端に乾いたら水やり。生育初期に液体肥料を補ってもよい。

●収穫（11月上旬～2月下旬）

肩の部分が太くなったら収穫OK。

えぐみがなくて甘い、極上の味わい

ナス

▼ここが魅力！

「なんでこんなにおいしいの？」とよく驚かれるのが、菌ちゃん農法で育ったナス。ふわっとしてえぐみがなく、ほんの少し塩をふればほとんど生の状態でも食べられます。火を通すと、もう本当にトロトロです。

ナスは肥料食いといわれます。土にたっぷりと肥料分があると、吸えるだけ吸って、硝酸態窒素がたまり、えぐみが出やすくなります。菌ちゃん農法では、土の中の糸状菌が常にナスが必要なぎりぎりの肥料分を供給するため、硝酸態窒素が過剰にならず、透明感のある甘い味になります。これはほかの野菜の場合にも当てはまりますが、ナスはそれがとくにわかりやすいのです。

肥料食いならではの秘訣があります。植えつけ直後は温度が低く、糸状菌の働きが鈍い時期。畑の土ができるまでの数年間は、植えつけのときと、その1週間後の2回だけ液体肥料を施すとよいでしょう。根がよく伸びて、糸状菌としっかり結びつくと施肥は不要です。

◉ 植えつけ（4月下旬〜5月下旬）

苗は若苗がよい。ポットから取り出したとき、苗の底の部分が根でびっしりになって土が見えない場合（老化苗）は、底面の根を広げてから植える。ナスは、実が何かに当たるとすぐ傷つくので支柱をVの字に立てて誘引する。株数を多く育てるときはV字型の支柱の間にひもを張りそこに誘引する。2条植えで株間は60㎝。

◉ 仕立て方

1番花は実らせず摘花（摘果）する。その上下のわき芽を伸ばして、3本もしくは4本仕立てに。枝が伸びたら随時、誘引する。

◉ 水やり、施肥

水やりは基本的に不要。植えつけ直

後は液体肥料を施すと根の活着がよくなる。

●収穫（6月中旬〜）

実が大きくなったら早めに収穫。秋の終わりまで収穫できる。

ミネラル豊富な土で機能性成分が高まる
ショウガ、ウコン

▼ここが魅力！

　どちらもポリフェノールを多く含む根菜で、代表的な健康野菜です。ミネラル豊富な土で育て、機能性成分をより高めましょう。ショウガとウコンは、どちらも熱帯アジア原産のショウガ科の作物で水分を好みます。十分に暖かくなってから、黒マルチに直径20cm程度の大きめの穴をあけて、種イモを植えつけます。「菌ちゃんしょうが」は土壌殺菌された市販のショウガに比べると、格段に香りが強いです。

　春ウコンは苦みが強く、機能性がより高い一方、秋ウコンはターメリックとして香辛料に使われるように黄色が美しく、香りもよいのが特徴です。ショウガは寒さに弱いが、ウコンはイモの状態で越冬し、翌年も芽が出てきます。

●植えつけ

上記参照。いずれも遅霜がなくなる4月下旬〜5月中旬が適期。株間は40cm。深さはいずれも10cm程度。

●水やり、施肥

土が乾くようなら水やり。

●収穫

ショウガは霜に当たる前の11月中旬に収穫。夏には葉ショウガがとれる。ウコンは11月に葉が黄色くなってから収穫する。キクイモも同様に育てられますが、収穫のとき、せっかくの畝を崩さないといけなくなるのでおすすめできません。

さわやかな香りが楽しめ、機能性も高い

エゴマ、青ジソ、赤ジソ

▼ここが魅力！

いずれもシソ科の野菜です。購入すると割高で、しかも農薬を使用したものが多いのが現状です。自分で育てるなら、無農薬で機能性成分いっぱいの収穫物を楽しみたいですね。シソは抗酸化作用を持つポリフェノールやビタミンを多く含み、香り成分には殺菌作用があります。赤ジソの赤色はポリフェノールで、さらに量が豊富。とりたての葉を使っての梅干づくりも楽しいものです。

とりわけおすすめしたいのはエゴマ。葉はもちろん、秋まで育てて、実（種）を収穫してください。小粒ですが、わき芽を伸ばせば、かなりの量がとれます。不足しがちなオメガ3系脂肪酸のαリノレン酸、オレイン酸を摂取できます。タネのままなら酸化しにくいので、冷蔵庫に保存しておいて、いろんな料理にさっとふりかけるのがおすすめです。

●種まき（4月下旬～5月下旬）

じかまきもできるが、苗をつくるほうが確実。2・5号ポットに6～7粒まいて、本葉1～2対（左右2枚で1対）で2本立ちにする。

●植えつけ

草丈10～15㎝になったら、2本立ちのままで。植え方は98ページと同じ。株間は40㎝とする。

●水やり、施肥

極端に乾くようなら、水やり。必要なら黒マルチの下に枯れ草やほかの有機物を補う。

●摘芯

草丈30～40㎝になったら、下に2～3対の葉を残して、茎の先端を切り戻す。わき芽が伸びるたびに摘芯して枝をふやす。

●収穫

季節に応じて、芽ジソ、大葉、穂ジソ、実ジソで収穫。エゴマは穂が茶色くなり始めたら収穫。1週間乾かしてから、実をとる。冷蔵庫で保存するとよい。

少しずらして土と移植ゴテの間に隙間をあけ、そこにハス口をはずしたじょうろで、たっぷりと水を注ぎ込みます。

一度水を注いだら、その場所は最低でも1週間は水やりの必要がありません。少ない水を広範囲に与えるのではなく、場所を限定して毎回違う場所に水やりしたほうがはるかに効果的なのです。

とくに土づくりから1年目は根が浅くしか張らないので、乾いてしおれやすくなります。土ができてくると土の団粒化が深くまで進み、根もどんどん深くまで伸びて、糸状菌としっかりつながるので、不思議なほど、乾燥に強くなります。

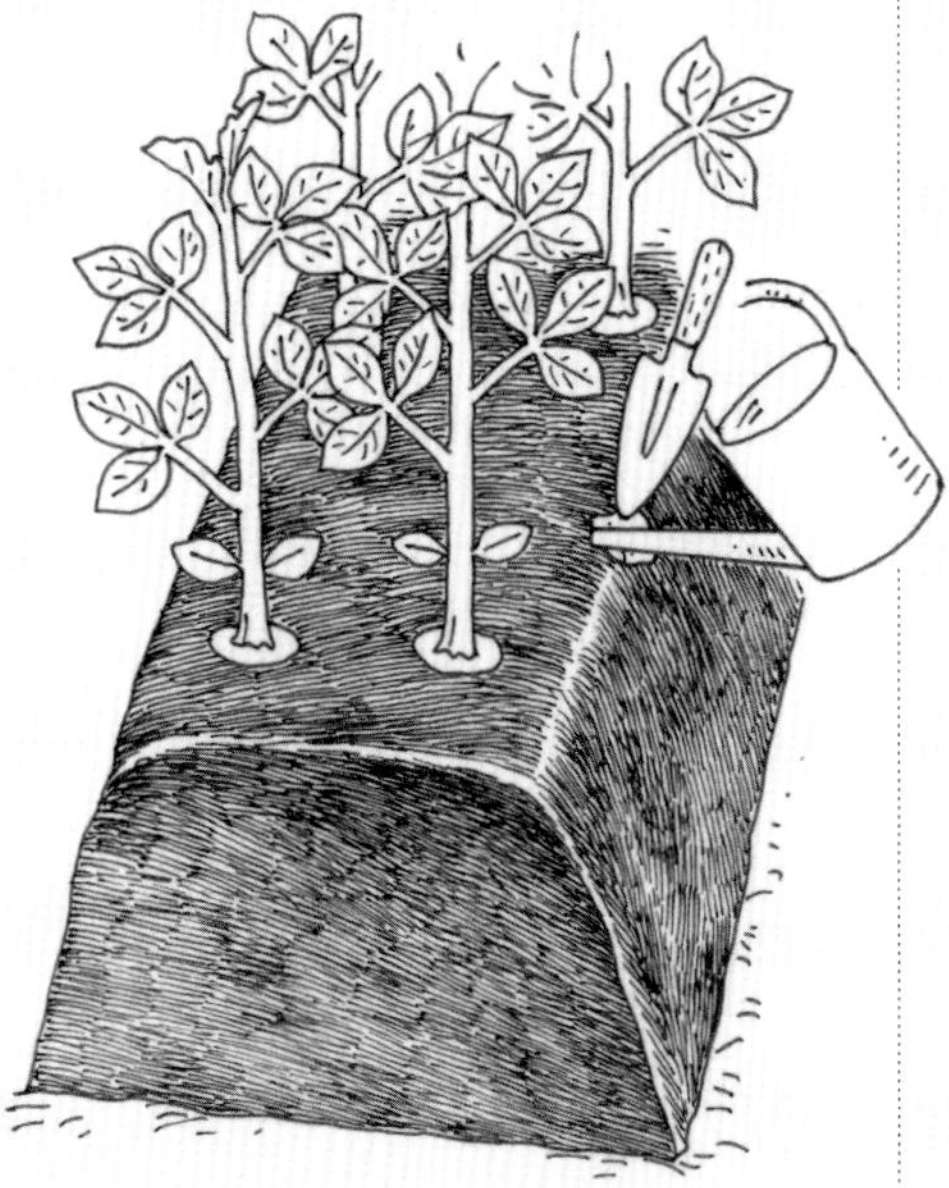

ここが知りたいQ&A

教えて、吉田さん！

Q

栽培途中の水やりはどうすればいいのでしょうか？晴天が続いて、土がカラカラです。

A

黒マルチに深さ10cmの穴をあけて、たっぷりと水を注ぎ込みましょう

黒マルチを張っているので、基本的に水やりは必要ありません。それでも、1週間以上雨が降らないと、カラカラに乾いて、野菜の種類によっては、しおれます。その場合は水やりで回復させます。最近は猛暑の年が多く、天気も極端になりがちなので、水切れになっていないか株の状態をよく確認しましょう。

水やりというと、植えつけた野菜の株元にじょうろで水を与えて終わりにしがち、それでは土の深くまで水が浸透しません。株元から数十cm離れた場所に黒マルチの上から穴をあけて（すでに穴があればそこでもよい）、移植ゴテを深さ10cm程度までさして、

おわりに

菌ちゃん目線で、今一度畑を見てみましょう。

今なお農家の間では、畑を頻繁に耕して、その都度、化学肥料をたっぷりと施すのが主流です。そして、野菜に虫がついたら殺虫剤、病気が出たら殺菌剤を散布しています。こうした栽培では、菌ちゃんは活躍する場面はあまりなく、むしろ、どんどん減っていきます。これに対して、菌ちゃん農法は化学肥料も農薬も使わない代わりに、菌をふやして働きやすいように環境を整えていきます。菌ちゃんが主体だから、「菌ちゃん、がんばって」、「菌ちゃん、ありがとう」なのです。

菌ちゃんの力を借りて野菜を育てる、それが、どんなに地球の未来をよくしていることか。

まず、肥料を入れないので、川や海の富栄養化が止まり、温暖化を促進する亜酸化窒素の発生が激減し、飲料水の硝酸濃度も減ります。

次に、大気中のCO_2の削減です。地球温暖化の原因とされるCO_2は石油や石炭の燃焼だけでなく、土壌中の生物の死骸が分解される過程でも発生します。増加したCO_2の数割はこうした生物死骸由来だとされています。その分だけ、地球の生命の全体量が減ったのです。それに対し、菌ちゃんの土づくりで土の中の菌がふえるということは、大気中のCO_2がふたたび生命として蘇ることを意味します。生命の循環を大きくしているともいえます。

同様の循環はわたしたちの体でも日々生じています。新陳代謝により、1日に数百万の細胞が死に、そのぶん、地球からいただいた食べものが新しい細胞になってくれます。わたしたちは地球の大きな生命循環のなかで生かされているのです。

いま、人は、人だけが元気に生きるために、地球上の生命を減らし、殺菌・消毒を徹底していますが、じつはそうした行動こそが人を弱らせ、病気を増やしているのではないでしょうか。菌ちゃん農法で菌ちゃんを増やして地球の生命循環を大きくし、あらゆる生きものたちといっしょに、わたしたちも元気になっていきたいものです。

菌ちゃん農法の土づくりでは、最初に大きな高畝をつくるのがたいへんだと思います。高齢者や女性の方は少し抵抗を感じるかもしれません。ならば若くて体力のある人に呼びかけて、機械も活用して手伝ってもらいましょう。一度、畝をつくって黒マルチを張ると、あとは野菜をつくりながら、菌ちゃんの力で土ができていくのを待つだけ。畝立ては基本的にもう行わなくてよいのです。楽だと思いませんか。

畝立てを手伝うグループを全国各地につくれたら……。そんなことを今、考えています。そして、あちこちの耕作放棄地がまた畑に変わり、そこでとれる健康野菜を食べてみんなが元気に。将来やってくるかもしれない食料危機への備えにもなります。

菌ちゃんをふやして行う野菜づくりは、一人でもプランターでも始められる小さなきっかけかもしれません。単においしいから、楽しいから野菜をつくる。それでいいのです。しかし、その一人ひとりの野菜づくりこそが、地球の子どもたちの未来を守ることにもつながっていきます。いっしょに広げていきましょう。

吉田俊道 （よしだ としみち）

㈱菌ちゃんふぁーむ代表取締役、大地といのちの会理事長。1959年、長崎市生まれ。九州大学農学部大学院修士課程修了後、長崎県庁の農業改良普及員に。1996年、県庁を退職し、有機農家として新規参入。1999年、佐世保市を拠点に「大地といのちの会」を結成し、日本全国に、生ごみまたは草・竹・木だけを使った菌ちゃん野菜づくりと菌ちゃん人間づくりの旋風を巻き起こしている。2007年、同会が総務大臣表彰（地域振興部門）を受賞。2009年、食育推進ボランティア表彰（内閣府特命担当大臣表彰）。長崎県環境アドバイザーも務める。

関連書籍

『お野菜さんありがとう! 子どもと一緒に元気野菜作り』
『菌ちゃん野菜作り＆菌ちゃん人間づくり』ほか多数。
※ご注文は下記「菌ちゃんふぁーむ」ネットショップまでお願いします。

㈱菌ちゃんふぁーむ
〒857-0121　佐世保市潜木町1016
TEL 0956-46-1286　FAX 0956-76-8864
ホームページ　http://kinchan.ocnk.net/
※菌ちゃん農法について本書出版後も微細な改良が進んでいます。ホームページにある<重要情報>をご覧下さい（→https://kinchan.ocnk.net/page/2）。
著者の無料メルマガでも最新情報を発信しています。
登録・解除は　http://kinchan.ocnk.net/mail
著者の講演情報は　https://kinchan.ocnk.net/page/3

微生物の力だけで奇跡の野菜づくり
図解でよくわかる **菌ちゃん農法**

2024年２月１日　第1刷発行
2024年10月17日　第7刷発行

著　者　吉田俊道
発行者　木下春雄
発行所　一般社団法人 家の光協会
〒162-8448 東京都新宿区市谷船河原町11
電　話　03-3266-9029（販売）
　　　　03-3266-9028（編集）
　　　　振替　00150-1-4724
印刷・製本　TOPPANクロレ株式会社

ISBN 978-4-259- 56782-8 C0061